青岛科技大学经济与管理学院化工特色系列丛书

中国化工新材料技术产业化
潜力评价与协同扩散路径研究

Research on Potential Evaluation and Collaborative
Diffusion Path of New Chemical Materials and Technology Industrialization in China

鲁汇智 / 著

经济管理出版社
ECONOMY & MANAGEMENT PUBLISHING HOUSE

图书在版编目（CIP）数据

中国化工新材料技术产业化潜力评价与协同扩散路径研究/鲁汇智著.—北京：经济管理出版社，2024.2

ISBN 978-7-5096-9610-1

Ⅰ.①中⋯　Ⅱ.①鲁⋯　Ⅲ.①化工材料—材料工业—产业化—研究—中国

Ⅳ.①F426.7

中国国家版本馆 CIP 数据核字（2024）第 044809 号

组稿编辑：王　洋
责任编辑：董杉珊
责任印制：许　艳
责任校对：蔡晓臻

出版发行：经济管理出版社
　　　　　（北京市海淀区北蜂窝 8 号中雅大厦 A 座 11 层　100038）
网　　　址：www.E-mp.com.cn
电　　　话：(010) 51915602
印　　　刷：唐山昊达印刷有限公司
经　　　销：新华书店
开　　　本：720mm×1000mm/16
印　　　张：13
字　　　数：185 千字
版　　　次：2024 年 2 月第 1 版　　2024 年 2 月第 1 次印刷
书　　　号：ISBN 978-7-5096-9610-1
定　　　价：98.00 元

序一
实现技术产业化需要科学方法论

"科学技术是第一生产力"的论断，在各发达经济体的快速发展历程中都得到了充分证明。无论是美国还是德国，它们在实现技术产业化过程中都让科技这个第一生产力发挥了巨大的作用。

一代材料一代技术，发达经济体把材料的产业化作为实现经济发展的技术基础。化工新材料的产业化，在国际上更是一直激烈竞争、相互封锁的焦点。

我国的传统石油和化工产业实现转型升级，是国民经济发展的重要方向，其中化工材料被应用于国防军工和国民经济发展的众多领域，更是我国发展战略性新兴产业的工业基础。而我国化工新材料产业发展面临最迫切的任务就是产业转型升级和技术的更新迭代，实现高端产品从技术研发到产业化生产、装备技术整体自主可控，以及面向新应用场景的产品创新。材料是一个投资周期长、短期回报难，但又十分关键的高新技术领域，如何找到化工新材料技术产业化科学有效的工作路径和方法论，至关重要。

我本人曾长期在科技部有关司局工作，是在全国科技工作者欢呼拥抱我国科学发展的春天里，走进我国科技事业的，也应该算是我国科技工作的见证者、亲历者和服务者。在工作中接触到很多科技型企业，也见过很多企业在上新项目时就靠拍脑袋，人云亦云，缺乏认真论证。其实在产业投资中盲目跟风，风险巨大，究其原因是舍不得前期九牛一毛的论证费用。化工新材料的前期投资大，缺乏认真科学的项目论证就上项目，在投资建厂之初就会负债累累，导致后期回报周期拉长甚至没有回报，这种现象令人十分忧虑。

企业扩大投资上新项目，就意味着开始增加研发投入与负债，这直接关系着企业能否持续健康发展。作为技术产业化核心主体的企业，要进行新项目投资，就需要对新项目进行科学的分析与评估，客观研讨、专业论证，进而务实投资。

鲁汇智同志的《中国化工新材料技术产业化潜力评价与协同扩散路径研究》一书，正好给我们提供了这样一整套科学的评估思路与体系，书中对化工新材料技术的把握，管理科学研究分析方法的运用，思路清晰，观点新颖，读后令人茅塞顿开，获益匪浅。我认为，无论是处在哪个发展阶段的企业家或者项目投资经历丰富的产业投资人、积极寻求技术产业化渠道的技术项目负责人，还是招商引资的政府工作人员，读过本书都会有不同的收获与启发，这实在是一本不可多得的优秀的教科书。

横跨两个专业学科——化工新材料与管理科学，如何撰写成这样一本兼具实用价值与学术价值的好书？得益于本书作者鲁汇智同志孜孜不倦的求学与科研精神，精益求精、扎实务实的人生态度。年纪轻轻的他，已经是高分子材料领域的正高级工程师，并取得了管理科学学科化工技术经济及管理专业方向的工学博士学位。他长期奋战在技术产业化推动、产业投资、企业管理的工作一线，我相信，本书是他切实想要推动我国化工新材料产业化发展的殷殷期望。

高新技术需要产业化，产业化需要科学的方法论，只有在真正科学、稳妥地进行技术项目分析评估后进行产业投资，才能使新技术顺利落地转化，进而健康持续地生产新产品和商品，化工新材料产业才能运用好大规模生产工艺与装备，形成大批量的新产品，销售到市场，在应用中进一步使技术得到优化、提升、再创新。虽然我们不能控制自然、资源、环境等要素，但我们可以通过科学的方法来预判风险、调控趋势、优化选择，实现产业的突破与发展！

我相信每一位读者都能在本书阅读中有所收获和启发。

刘玉兰

中国生产力促进中心协会名誉理事长

2023 年 9 月 9 日于北京

序二

　　非常荣幸接到我的师弟鲁汇智教授的邀请，为他的著作写序。个人水平虽有限，但仍认真拜读、用心撰写，以期不负师弟的盛情邀请与深厚的校友情谊。

　　这本书就是今天呈现在您面前的《中国化工新材料技术产业化潜力评价与协同扩散路径研究》。接到书稿时正好是个周末，我首先认真地拜读和学习，"一气呵成"后使我体会到：首先一点，这是一本具有重要价值的书。化工新材料是石化产业技术水平的代表，是一个国家石化产业技术水平的重要体现，是发达经济体和跨国公司战略发展与转型的重点；化工新材料又关系到高端制造业、战略性新兴产业、航空航天等强国强军目标。而我国化工新材料的技术和关键材料一直是短板和弱项，关键时候还可能被人"卡脖子"，十几年来我国凭借石化产业规模和影响力而成为石化大国，但与强国相比仍差距明显。造成这种状况的关键是创新，因为化工新材料技术含量高、技术要求高、技术难度大，只有实现了创新突破、实现了自主创新、掌握了关键核心技术，才能立于金字塔之顶端。本书重点研究的就是以化工新材料技术与产业化和协同扩散为主题，在全球化工新材料产业发展现状及发展趋势研究的基础上，系统并深入地研究和分析了我国化工新材料的现状、发展环境及发展趋势等；在此基础上创新性地提出我国化工新材料技术产业化潜力评价的目标与原则、指标与依据、指标体系与评价方法及应用等，并对化工新材料技术协同扩散机理进行了实证检验和路径分析。本书不仅对读者了解国际国内化工新材料现状及其发展趋势很有帮助，而且对我国如何做好化工材料技术创新与进步很有启发和价值。

第二点，这是一本很有启发意义的书。本书在系统深入地研究和分析国际国内化工新材料现状与发展趋势的基础上，经过深入思考提出了"五个提升"作为我国加快化工新材料技术协同扩散的发力点，这对科研机构、企业、中介服务、政府支持以及金融资金支持等多个层次、多个维度，都带来有益的启发。

第三点，着实没想到，这是一篇博士研究生学位论文，如此系统的资料梳理，如此深刻的分析和思考，属实不多见。很难让人想到这是一篇学位论文，一方面可以透露出作者研究生期间的刻苦和用功，另一方面也说明今天、新时代的研究生的自身素质、学术水平、独立思考等各方面的能力都普遍提升，可见我国人才培养、人才队伍建设的成效显著，令人喜悦！

最后一点，本书创新性并探索性地提出了化工新材料技术产业化潜力评价的思路和方法。国内外研究化工新材料创新发展的文章和资料可以说数不胜数，但研究并提出化工新材料技术产业化潜力评价指标与方法的并不多，以我之见，这可能是首次提出化工新材料产业化目标与原则，建立指标体系、方法和模型，并以大豆蛋白基胶黏剂项目为标的进行潜力评价分析的应用；虽然大豆蛋白基胶黏剂是一个小众产品，并非化工新材料最典型、最具代表性的产品，但也不失为一种尝试与探索。我倒是觉得关注和重视我国新材料创新发展的各位同仁，可以由此开启对我国化工新材料产业创新与技术进步，特别是科技成果产业化领域更加深入的研究与思考，由此加快我国新材料领域的原始创新和引领性、前瞻性的创新，推动我国化工新材料创新发展实现新突破，为石化强国跨越和中国式现代化做出新的贡献。

最后，再次感谢鲁汇智师弟给了我这次学习的机会。以上就算是本人在学习过程的一点体会吧！因水平所限，不妥之处，敬请各位读者和行业同仁批评指正。

傅向升

中国石油和化学工业联合会党委副书记、副会长

2023 年国庆于山东寿光

序三

　　鲁汇智博士的著作《中国化工新材料技术产业化潜力评价与协同扩散路径研究》出版面世，这是作者的首本科研专著，也是继《创业思维》后的又一力作。作为作者的博士生导师，受邀为此书作序，我欣然应允。同时，也非常希望他的科研成果能为产业发展发挥更大的价值。

　　汇智对科学知识孜孜以求，相继在青岛科技大学完成了本科、硕士和博士的学习，在校期间刻苦努力、勤奋好学，分别获得了工学、管理学学士学位，材料工程专业硕士学位和工学博士学位，曾荣获一、二等奖学金和各类单项奖学金，是山东省优秀毕业生。汇智团结他人、勇于担当、乐于助人，在校期间担任班长、党支部书记、校学生会主席、校研究生会主席。读博期间也是我非常得力的科研助手，参与了多项课题的研究。

　　汇智深耕创新创业领域。扎实的理论和科研基础也让汇智取得了一定的成绩和行业、社会的认可。他硕士毕业即主持了科技部的企业创新基金，30岁时获得正高级职称，也获得了科技部中国火炬创业导师、山东省首批泰山产业领军人才、中国石化行业杰出青年民营企业家、青岛市创新创业领军人才、青岛市创新孵化年度人物等荣誉称号。

　　汇智始终关心和支持学校发展。2018年，学校根据山东省高校产业教授选聘要求，聘任汇智担任学校产业教授。他勤勉、务实工作，协调社会力量联合培养人才，推动了学院尚道管理科学研究中心的建设，全力支持学科发展。在学校建校 70 周年之际，汇智获得了青岛科技大学年度人物提名奖。

作为汇智的博士生导师，我全程参与、指导了本书的创作。本书聚焦化工新材料技术产业化，重点解决了两个问题：一是如何对一项化工新材料技术进行综合准确的科学评估，并评判什么项目值得投资、值得投入成本进行产业化推广应用；二是如何加快推进化工新材料技术扩散，并解决当前科技成果转化中存在的诸多问题。在写作过程中，汇智曾多次与我进行探讨分析，力求逻辑严密，论证严谨，但仍存在一些不足，例如：研究方法还有待进一步完善和拓展，以期进行更深和更广的研究；由于选取样本数量有限，且数据采集存在一定主观性，可能会影响数据模型的可靠性。本书体现了作者创新性的思考，对我国化工新材料产业新技术成果转化具有重要的指导和借鉴意义。

李勋来

青岛科技大学经济与管理学院院长、教授

2023 年 12 月于青岛

目　录

1 绪论

1.1 研究背景与研究意义

1.1.1 国际背景

化工新材料产业是一个国家重要的基础性和支柱性产业，其技术的创新发展既关系到基础化工产业的发展和升级，也关系到国家战略性产业的突破发展。美国、日本以及欧洲等发达国家（地区）凭借先进的研发技术，长期占据全球化工新材料领域的主导地位。

发达经济体尤其是欧美及俄罗斯等国家（地区）在新材料技术的研发、应用和技术产业化等方面拥有大量丰富成熟的经验，其化工新材料产业的发展在国际上遥遥领先。在化工新材料产业企业方面，发达经济体有大型跨国公司、中小型专业企业和大型集团旗下的分支企业这三种较为常见的企业形态。从美国、日本、欧洲等国家（地区）发展来看，其化工新材料企业主要有三种类型：一是以新材料研发并将新技术用于新产业研发生产为主业的大型跨国公司，通过企业间的不断整合与重组，形成了遍布全球的产业链和经销链；与此同时，产业的尖端技术也主要集聚在这些企业内，代表企业如杜邦、巴斯夫、信越化学。二是大型跨国化工公司的下游企业，通过对化工产品下游市场需求的整合，在原有技术上进行改进，生产创新型化工产品。三是中小型化工企业，利用自身灵活、低碳环保的生产特点进行批量生产，如瑞士美泰乐公司。发达经济体的化工新材料产业起步早，在产业规模和产业链上具有明显优势，同时各类企业共同作用，推动产业快速发展。

从发达经济体化工新材料的发展来看，技术的研发和产业化运用对化工新材料产业发展产生了直接的推动作用，当今世界各个国家（地区）的产业发展依然需要技术的创新和技术成果的产业化。新技术成果的产业化程度是知识转化为生产力的体现，一个国家新技术产业化的程度越高、速度越快，证明其各方资源的综合利用能力越强，技术更新升级速度越快，国家发展速度也越快。因此，新技术产业化水平也成为衡量一个国家（地区）综合能力的重要指标。

对于国家而言，采取积极有效的措施加快新技术产业化进程是每个国家（地区）的重要任务，但是，在制定产业化措施时，必须结合国家（地区）的实际情况，尤其是在全球化进程中，考虑经济全球化的影响，同时借助国际力量，促进新科技技术成果转化及产业化对策的制定。对于企业而言，技术产业化不仅能增加公司营收、保障公司的成长能力与竞争力，而且能协助公司整合各项技术，探寻市场隐性需求，创造新商机。技术产业化能够实现无形的知识和技术充分运用，并创造出经济利益。

1.1.2 国内背景

习近平总书记指出，"制造业是国家经济命脉所系"，"要坚定不移把制造业和实体经济做强做优做大"，"加快建设制造强国"。党的十八大以来，习近平总书记多次强调要大力发展制造业和实体经济，深刻阐明制造业是实体经济的基础，实体经济是我国发展的"本钱"，是构筑未来发展战略优势的重要支撑，为我国从制造大国向制造强国迈进指明了方向、明确了路径。我国化工新材料产业起步较晚，经过较长时间的探索发展，建立了较为完整的产业体系，拥有丰富的化工产品种类，新技术也在不断地研发和创新，为提升我国化工新材料产业在国际市场上的影响力打下了良好的产业基础。目前国内具有众多不同规模、各具特色的化工新材料产业集群，广州、青岛、天津等地已经发展成为重要的化工新材料产业基地。

随着我国高端制造业、信息技术等的快速发展，集中力量发展满足战略性产业需求的高端化工产品成为化工新材料产业的重中之重。化工新材料行业是重要的基础性行业，影响国民经济及其他高新技术产业的发展。

但是，目前我国化工新材料产业与欧美日等发达经济体相比，还存在较大的差距，许多品种的化工新材料还大量依赖进口。据中国海关统计，2019年我国进口聚酰胺产品 79.5 万吨，出口量仅有 25.8 万吨；聚碳酸酯产品的进口量一直保持在 100 万吨以上；特种橡胶产品进口量为 156.57 万吨，出口量为 27.11 万吨。我国化工新材料产业领域仅有 10% 为国际领先水平，60% 左右的产业领域处于追赶发达经济体的状态，还有近 30% 的领域和国际先进水平存在较大的差距。总体而言，我国化工新材料产业发展与国际先进国家（地区）水平相比差距明显，主要表现为：自主研发能力薄弱，大型企业创新能力受到制约；化工新材料产业没有形成协调有效的产学研合作模式，新技术不能得到及时、大范围的推广应用，导致技术创新和产品生产脱节。

我国在化工新材料技术产业化协同扩散过程存在诸多问题，科研成果转化率低是其中最重要的问题。通过对国家专利相关统计数据的对比分析，发现我国目前的科技成果转化率仅有 6%，而欧美等发达经济体已经达到 50%

以上。我国科技成果转化率低的原因，主要是新技术的产业化应用问题没有得到很好的解决。技术产业化存在问题的原因在于：一是化工新材料技术的研发与产业的实际需求不符。因为科研院所研发的新技术并不符合当前化工新材料产业的技术发展需求，或者并不能解决产业亟待解决的问题，化工企业对此类技术缺乏应用和推动其产业化的动力。二是科研院所研发的新技术虽然能解决化工产业或企业当前面临的难点问题，但由于信息不对称、缺乏合作渠道以及资金限制等问题，化工企业无法参与到新材料技术的转化和产业化过程中，同样制约了新技术的产业化应用。由此可见，我国要实现制造强国的国家战略不仅要加快技术创新突破，而且要注重提高新技术的成果转化率，将新技术转化为有效的生产力，服务于产业发展。

1.1.3 研究意义

1.1.3.1 理论意义

本书的理论意义在于：

第一，构建了技术协同扩散的理论模型，拓展了技术扩散理论。对比分析企业主导型、科研机构方主导型和政府引导型等不同类型的技术扩散路径以及各主体在技术扩散过程中发挥的作用，在此基础上，将各个主体对技术扩散的影响作用和作用路径进行整合和重组，建立了各主体共同引导作用的技术扩散模型。

第二，构建了化工新材料技术产业化潜力评价指标体系。目前针对特定某一项化工新材料技术的定量评价方法研究较少，本书将结合化工新材料技术独有的技术属性，根据化工新材料产业发展现状及产业特质的分析，制定化工新材料技术产业化潜力评价体系，并将评价模型应用于大豆蛋白基胶黏剂技术的评价，通过对该项技术产业化潜力评价的研究，验证了模型的可行性和有效性。本书提出的评价模型能够帮助投资者选择正确的投资方向，为中国化工新材料的投资和发展提供一个具有参考意义的综合性分析方法。

1.1.3.2 实践意义

针对化工新材料所具备的应用范围广泛、技术创新性强、对环境影响大等特点，本书从新技术的实际应用出发，明晰了新技术的协同扩散路径。本书的实践意义在于：

第一，从宏观层面来看，化工新材料技术产业化和协同扩散的研究能够明确化工新材料技术的社会效益和市场前景，以便于国家加快出台扶持政策和优惠政策，投入资金和人力，来积极推动化工新材料技术研发和产业化应用。

第二，从微观层面看，本书提出的技术产业化潜力评价方法适用于多项化工新材料技术的具体应用领域，对技术创新源头的高校和科研机构提供基于市场需求的技术研发选择方法；同时为技术应用终端的企业提供可以识别具有突出产业化潜力的技术投资方法，实现知识和资本等优质资源的优化配置，指导实现创新突破并推进化工新材料技术产业化。

1.2　国内外研究现状

1.2.1　技术产业化潜力研究现状

1.2.1.1　国外研究现状

"技术评价"一词最早起源于美国。第二次世界大战之后，美国为了加快经济发展，投入大量的人力、物力、财力和科研力量对其各个产业领域进行新技术的研发，美国的科技水平飞速提高，各个产业的发展也得到了大幅提升。但在科技和经济跨越式发展的同时，也产生了资源浪费、生态被破坏等不良作用。为了进行资源的有效利用和环境的保护，美国政府提出了技术评估法案，要求在一项新技术应用之前，要对其进行全面的评价，筛选出真正有价值、对生态环境和人文社会友好的新技术进行推广应用。美国实施该法案后，欧洲国家和日本等同样在进行大量技术研发的国家也纷纷出台类似的规定，要求对新技术进行评价。随着越来越多的国家（地区）开展越来越多的技术研发活动，技术评价逐渐成为国际上技术推广的标准规定，我国同样也越来越重视技术评价。对政府和企业而言，技术评价已经成为一种重要的技术投资决策的手段。技术评价可以从不同的维度来开展，但针对技术的产业化潜力评价，国外更加注重技术的创新性和市场需求性，建立的技术评价体系也大多围绕在这两大方面。John H. Vanston（2003）指出，市场的消费者因为缺乏专业知识，无法直接辨别一项新技术的好坏程度，只能通过产品的适用性进行简单的判断，而作为企业的管理者需要同时具备专业知识和市场洞察力，既能够从专业角度评价一项新技术的创新性和可实施性，同时也要洞察市场需求，根据市场需求选择合适的新技术进行推广，实现技术推广和满足市场需求的双重目标。

考虑到技术研发的最终目的是生产产品在市场进行销售，因此国外学者对技术评价主要是从企业的角度出发，评价一项新技术是否具备商业化的价值；多数研究更多的是从市场角度出发。Floortje Alkemade 和 Carolina Castaldi（2005）认为，技术评价需要结合主观评价和客观评价，主观评价主要包括技术的成熟度、转化为产品生产的可能性，客观评价主要包括新技术转化为产品生产后的各个生命周期中的投资额、营业额、利润率、税费等经济指标，通过主观评价和客观评价能够全面地评价一项新技术的商业价值和经济性。

Alan L. Porter 等（2004）则从技术扩散参与主体的角度开展新技术的评价研究，该研究指出，对一项技术的评价不能只是对技术本身的评价，还要评价该技术对技术发明者和技术接受者产生的价值和作用，三者的总和才是一项技术真正具备的价值。Karel Haegeman 等（2013）主张降低技术评价的复杂性，重新回到技术的市场化层面对其进行评价，评价内容主要包括技术的可应用性、对市场发展产生的价值大小两个维度。

1.2.1.2　国内研究现状

"产业化潜力"被黄鲁成等（2007）用来指代包括硬件与工艺过程在内的技术或产品达到被社会承认的规模应用后，是否可以获得商业利润的能力。在众多的应用领域中如何选择最大发展潜力的技术产业化应用领域，主要是看技术产业化潜力这一重要指标。

对于技术产业化潜力评价体系的研究方面，目前国内的研究很少对新兴技术展开讨论，新兴技术产业化潜力方面的研究更是少之又少。罗芳和王琦（2006）认为，静态构成和动态构成组成了国民经济动员潜力构成，对国民经济动员潜力的分析，是从国民经济动态影响因素集、存量潜力和增量潜力三个方面给出分析结果的，并使用网络分析（ANP）方法对模型进行评价、测算和综合分析。

在具体指标设计上，马慧民等（2006）的研究颇具有代表性，他们从社会因素、经济因素、技术因素和市场因素这四个方面对专利技术产业化的选择指标进行了考量。杜国贞和肖广岭（2006）建议运用模糊综合评价方法进行理论研究，通过9个二级指标、75个三级指标对船舶工业科技成果转化项目进行评价，其中二级指标包括技术性能、市场、产品因素、政策、社会效益与风险、国民经济效益与风险、企业实力评估、科技成果转化项目的建设与生产条件、财务效益与风险。卢文光和黄鲁成（2008）从技术、产业、市场、符合性和效应这5个因素来评估新兴技术的产业化潜力，选择了以上5个因素的41个细分指标，利用德尔菲法和三标度法来确定评价指标的权重。高翔等（2015）基于粗糙集理论对干细胞技术产业化潜力进行评价，构建了包括政策导向、资源储备、市场需求、技术优势、预期收益 5 个二级指标和 27 个三级指标的评价体系。刘平等（2020）构建了包含技术指标、市场指标、条件指标、政策指标、效应指标 5 个一级指标和 21 个二级指标的评价体系，并基于模糊综合评价法对大气污染防治技术展开评价。田红等（2020）从市场需求潜力、生产要素禀赋、产业开发条件、预期开发效益这四个方面对构建产业化开发潜力评价体系进行了综合对比分析，利用灰色多层次评价方法对黄河三角洲区域的文化资源产业化开发潜力进行评价。

1.2.2　技术协同扩散研究现状

1.2.2.1　国外研究现状

国外对技术创新扩散影响因素的研究主要包括创新技术自身特性、创新企业行为、传播渠道、创新采用者和创新消费者这五个方面。主要从技术自身特性这一角度进行分析，探讨其对技术创新扩散的影响。技术创新扩散的概念就是把新产品或技术通过一定的途径向其他地方转移。第一，就创新技术的特点对扩散的影响而言，技术创新扩散的成功与否关键是看它是否满足特定的社会需要。第二，传播渠道也是技术创新扩散的影响因素之一，传播渠道对于技术创新扩散的作用机制是对扩散主体即创新企业行为进行间接引导，将创新技术自身特性和潜在采用者连接起来（Glenn，2003）。此外，目前创新扩散的研究对采用者和消费者来说更侧重于创新采用者的行为态度这一因素，即采用决策和采用者行为态度如何影响创新扩散速度。除此之外，Jennifer Reinganum（1981）强调了研究创新扩散政策的实际价值，描述了通过系统性文献搜索分析法得出有利于创新扩散的政策，以及政策影响创新扩散的机制。

1.2.2.2　国内研究现状

国内研究主要认为，创新技术扩散的重要影响因素是竞争策略，典型代表是董俭和张诚（2006）等通过实证分析百度与谷歌的长期竞争，确认竞争策略对创新扩散具有重要影响，但这些只是对创新技术扩散影响因素的表层进行研究，分析方式也只是定性分析，忽视了影响因素之间的联系。国内对此进行了更深入的研究，学者们通过将不同影响因素组合进行分析，逐渐形成集成思想，重点突出技术扩散过程中主体与环境的结合。赵维双（2005）主要分析了环境因素对技术扩散的影响，并分析了环境对技术扩散的作用机理。王永齐（2007）指出影响技术扩散的因素分为外部因素和内部因素，外部因素有政策、经济、社会和信息环境等，内部因素有采纳者自身、技术扩散的主体和扩散技术自身特性。吕新军、胡晓绵和张熹（2010）对中美高技术产业间技术扩散模式进行分析，在社会网络与投入产出的层面，发现我国目前具有扩散水平较低、产业间互动性不强等缺陷。魏杉汀和张卓（2017）运用技术扩散函数的仿真研究对网络环境下技术引入和技术开发的协同效应进行研究，结果表明，技术引入和技术开发在特定的创新网络环境下能够提升协同扩散水平。张路蓬等（2018）通过对304家企业的问卷调查结果进行定量分析，发现政策干预扶持度、技术就绪度、开发服务协同度和预期经济收益度等对技术扩散有正向促进作用。李苗和刘启雷（2019）从产学研协同创新视角分析了政府补贴和技术扩散对资源配置效率的影响，结果表明技术扩散与政府补贴互为内生变量，两者相互促进，提高了创新资源配置效率。

综上所述，将协同的内涵逐步融入对技术扩散影响因素的分析中，技术扩散构成以及影响因素的作用机理体现在各影响因素的相互作用中。

1.2.3 技术扩散模型研究现状

1.2.3.1 国外研究现状

技术创新扩散模型旨在对技术扩散问题进行定量分析，是对定性分析的深入补充。通过对技术扩散过程规律进行剖析，建立数学或者计量模型。Mansfild（1961）利用逻辑斯谛增长曲线创造了著名的"S"形扩散模型；随后，诸多研究人员开始修正和改进"S"形扩散模型。基于"S"形扩散模型的研究，Bass（1969）提出了 Bass 模型，该模型新增对大众传播媒介的研究，论证分析了外部影响和内部影响即大众传播媒介和个人之间的语言交流会影响潜在采用者对新技术的采纳与应用。大众传播媒介与个人之间的语言交流能力随着技术扩散的每一个扩散阶段都在不断变化，所以技术扩散模型呈一条"S"形曲线。

随着技术扩散模型研究的逐渐深入，为了加深对技术扩散规律的认知，众多学者一直使用建立模型的方法，此法也可以帮助企业在战略层面进行决策。综合技术创新扩散模型研究结果可分为两类：一类是宏观模型，代表模型是 Bass 模型，以及拓展 Bass 模型参数后所形成的模型。Fanelli 和 Maddalena（2012）研究技术创新扩散过程是通过构建时间延迟模型，他提出了扩散过程中的延迟效应。Haegeman 于 1952 年通过研究瑞典不同领域的技术扩散，提出"四阶段"空间分布模型，技术扩散的强度及"邻近效应"随着距离的增加而逐渐减小（Haegeman et al., 2013）。Wilson 的最大熵模型与 Berry 的重力模型也是极具代表性的宏观扩散模型。另一类是微观模型，主要研究在整体的宏观扩散现象中采用博弈论、社会网络和仿真分析等定量分析工具探究技术创新扩散个体采纳行为的作用。Reinganum（1981）将博弈论首次应用到了技术扩散模型研究中，根据在双头垄断博弈情景中相同属性两个公司的扩散问题建立了技术扩散模型。Kuandykov 和 Sokolov（2010）研究消费者的心理和行为对扩散速度的影响，得出了社会邻居对创新扩散曲线的影响。

1.2.3.2 国内研究现状

在模型研究上国内学者主要参考国外模型进行改进以及新的探索，陈晓伟（2008）分析中国电信业的技术扩散规律也是使用 Bass 模型进行改进，搭建出新的 Bass 拓展模型——XYZ 模型，并运用这个模型进行实证分析。陈国宏等（2010）针对产业集群技术创新扩散的 Bass 修正模型也是以 Bass 模型为基础。李晓娣和陈家婷（2014）对技术扩散路径的研究是通过分析 FDI 的扩散机理。周飞雪（2015）研究技术扩散路径是从不同范围内技术扩散的影响因素、影响机理和企业决策来分析。林青宁和毛世平（2023）分析了门槛模型对不同类型协同扩散模式和对企业科技成果转化效率的影响。李卫国和白岫丹（2020）从宏观和微观两个层面，构建了基于"政产学研用创"六位一体的协同扩散模式。侯光明等（2021）以新能源汽车企业为目标，进行系统视角下协同扩散模式的实施策略研究，提出了产业拓展型协同扩散模式、平台辐射型协同扩散模式和核心依托型协同扩散模式。

1.2.4　技术扩散路径研究现状

1.2.4.1　国外研究现状

国外的学者在宏观层面从技术扩散的输出和采用方式来研究技术扩散路径。技术扩散路径的研究主要集中在国际贸易、国外专利申请和外商直接投资等方面。技术扩散机制的研究主要包括耦合机制、动力机制和推力机制三个方面。关于耦合机制，斋藤优等（1983）提出了需求-资源论，技术开发与应用的前提是存在需求，技术扩散的关键是供方和需方的需求与淘汰关系能否耦合。关于动力机制，Schumpeter（1928）提出的创新-模仿论指出，技术扩散是以追逐经济利润为动力的，垄断利润被创新技术拥有者大量获得，垄断利润也是对该技术进行"模仿"创新的动力，这种方式也是新技术扩散的途径之一。关于推力机制，新技术拥有者将技术扩散出去获得最大利益和更多的市场份额，想要的结果是新技术扩散的推力。

1.2.4.2　国内研究现状

对于国内技术扩散路径的研究，王展昭等（2015）采用系统动力学方法对技术扩散系统结构进行分析，提炼出重要反馈回路，构建了技术扩散系统的因果关系模型，分析了技术扩散系统极性。许慧敏等（2006）认为，技术扩散系统中推动力和牵引力组成了技术扩散的动力。马永红等（2016）对技术扩散系统动力的研究，从扩散源的角度指出动力要素包括一级和二级动力要素。李金城和王林辉（2021）研究了技术扩散对技术进步偏向性的影响，通过构建通用嵌套空间计量模型得出对技术进步偏向性的影响作用最明显的是代表技术扩散的外资投入和贸易开放，其次是技术创新水平和人力资本。

目前，国内的相关研究主要集中在跨国投资中技术扩散路径的分析，微观层面的研究主要是从过程角度进行定性描述性研究。

1.2.5 研究述评

根据国内外关于技术产业化潜力和技术协同扩散已有的相关文献的梳理，可以看出，技术产业化潜力评价以及技术产业化协同扩散依然是理论界和实践界研究的重点和热点。尽管众多学者对其进行了深入的研究，并取得了一定的研究成果，但现有研究仍旧存在以下两个方面的不足：第一，在技术产业化潜力评价方面，对技术的特征分析不够深入。在技术评价中，对技术的分析将其认为是简单的、静态的个体，对技术的内涵、发展趋势和对社会经济的作用分析不足；并且在设计技术产业化潜力评价指标体系时，考虑的影响因素不够全面或者代表性不足，由于对技术的认识不够或者对技术的分析不够深入，导致设计的评价指标过于简单，无法全面反映评价技术产业化潜力的因素。第二，在技术协同扩散研究方面，大多立足共性角度，从区域层面进行技术扩散研究，或是从技术扩散影响因素和扩散通道展开研究，少有针对战略性新兴产业或高新技术产业的，也少有从多主体协同的角度对技术扩散系统进行研究。

基于对现有研究成果的借鉴，以及对研究存在的不足进行分析，本书拟对化工新材料技术产业化潜力的评价指标进行更为全面的分析和设计，并从产业多主体协同的角度，构建化工新材料技术产业化协同扩散系统。以期通过这两个方面的研究，为化工新材料技术的选择提供决策依据，为推动技术协同扩散提供战略对策。

1.3 研究问题与内容

1.3.1 研究问题

本书主要解决以下两个问题：

一是如何对一项化工新材料技术进行综合准确的科学评估，什么项目值得投资、值得投入成本进行产业化应用推广。作为我国战略性新兴产业的化工新材料产业，在投资建设、产业化应用方面存在着所谓的热点项目、热点领域，各路投资方热情高涨，纷纷进入，大量建厂，然后就会直接导致该化工新材料细分领域产能过剩，引发恶性竞争，最后只能"一地鸡毛"，草草收场，比如之前备受关注的石墨烯材料、PLA、光伏材料等，均无一幸免。化工新材料项目一般都是资金密集型项目，盲目地投资建设会造成大量的资源和资金浪费，科学评价分析化工新材料技术产业化潜力，进而有针对性地推进化工新材料技术的协同扩散，能给化工新材料技术产业化投资提供方向指导。

二是如何加快推进化工新材料技术扩散，如何解决当前科技成果转化中存在的诸多问题。化工新材料技术是否可以延伸到产业层面、在产业中得以应用，不仅取决于新技术自身价值是否得到实现，而且取决于化工新材料产业整体技术水平是否得到提升。当前化工新材料技术的转化面临着信息共享渠道不通畅、合作主体间利益矛盾冲突、资金和政策不匹配等困境，因此需要找到一种科学模式，能够协调技术扩散过程中参与的各个主体，充分发挥各个主体自身的优势和作用，通过协同作用实现技术扩散绩效最大化，即解决化工新材料技术产业化扩散问题，提出可实现的协同扩散路径和解决对策。

1.3.2 研究内容

本书按照"提出问题—分析问题—解决问题"的研究路径，一共分为3个部分，8章内容，具体章节研究内容如下：

第1章为绪论，介绍了本书研究工作的理论和现实背景，研究目的、研究意义、研究问题、研究思路与研究方法，阐述了本书的创新之处，并从技术产业化、技术扩散的本质、模型和路径等方面对相关文献进行了梳理。

第2章为概念界定与理论基础，主要内容为相关概念和理论研究。主要概念包括化工新材料的定义与分类、技术产业化的定义与过程；同时对技术创新扩散理论、协同学理论、三螺旋理论、供应链理论和结构洞理论等相关理论进行阐述，为本书研究提供相应的理论支撑。

第3章为化工新材料产业化发展现状与趋势分析。首先，该章就全球化工新材料产业发展现状进行分析，对全球化工新材料市场规模、产品的开发与应用现状以及产业化发展趋势进行分析。国外化工新材料技术不断实现创新突破，化工新材料产业正在进行新一轮的结构调整和升级；相比之下，我国化工新材料产业化程度很低，化工新材料仍需大量进口。其次，该章利用PEST分析方法，从技术、政策、经济、社会文化和行业竞争角度对我国化工新材料技术产业化发展的外部环境进行了分析；进而从产业规模发展现状和技术研发现状两个方面着眼分析我国化工新材料产业发展现状；在此基础上，对我国化工新材料产业化发展趋势进行了总结。最后，有针对性地提出我国化工新材料技术产业化发展过程中存在的问题。

第4章为我国化工新材料技术产业化潜力评价。该章首先分析了技术产业化潜力评价的基础，包括指标设计的目标、原则，并明确技术产业化潜力评价的体系及其依据，包括技术供给指标、技术需求指标、产业化条件指标、预期收益指标和外部环境指标。其次，根据理论基础构建化工新材料技术产业化潜力评价指标体系。通过层次分析法和专家打分法确定指标权重，并通过模糊综合评价法，根据指标权重对评价指标体系进行打分计算。最后，引入大豆蛋白基胶黏剂材料技术产业潜力评价案例，根据已构建的评价体系进行案例分析。

第5章为化工新材料技术协同扩散机理分析与实证检验。该章首先从化工新材料技术的存在形态着手，分析了技术的知识本质和化工新材料技术的知识结构。其次，研究了化工新材料技术协同扩散网络实现过程的理论模型。再次，对技术产业化协同扩散的影响因素进行分析，并提出了构建科研机构、化工企业、科技中介机构、政府部门和金融机构协同扩散体系；五个扩散主体之间能够相互影响、相互作用，加速科技技术产业化的进程，能够推动技术创新、产业环境、社会资本和政府政策协同运作。最后，将技术协同扩散体系中每个主体的影响作用进行了指标设计，运用结构方程构建了反映我国化工新材料技术协同扩散、包含5个潜变量和18个测量变量的模型。研究结果表明，科研机构创新能力、科技中介机构服务能力和化工企业创新发展能力对化工新材料产业技术协同扩散有显著的促进作用，政府机构服务能力和金融机构支持能力则对化工企业、科研机构和科技中介机构的发展有良好的正向作用，间接推动了化工新材料产业技术的协同扩散。

第6章为我国化工新材料技术协同扩散路径分析与仿真。该章对五个化工新材料技术产业化协同扩散主体进行功能与作用的分析，之后从技术知识的角度将化工新材料技术分为产业共性技术和专有技术两种，指明化工新材料产业技术的扩散过程实际上是新技术知识和产业原有知识的融合创新过程。同时，该章提出了化工新材料技术产业化协同扩散的方式主要有融入扩散、模仿扩散和再创新扩散三种，并分析了我国化工新材料技术产业化协同扩散路径，从企业内部技术扩散特点、扩散过程和扩散模型，科研机构技术协同扩散特点和路径，政府在技术协同扩散过程中的职能定位等方面进行研究。采用系统动力学的方法将技术产业化协同扩散作为一个系统进行研究，建立以化工新材料技术产业化协同扩散为研究对象的仿真模型，从科研机构创新能力、化工企业发展能力、科技中介机构服务能力、政府机构服务能力和金融机构支持能力分析各个因素之间以及各因素对协同扩散绩效的影响作用。

第 7 章为加快我国化工新材料技术协同扩散的对策。该章提出要提升培育技术协同扩散各主体的能力。科研机构创新能力提升主要包括完善科技资源配置管理、加强科研人员资源建设、加强新技术创新研发、推进科技平台建设、优化学科互动机制、加强与企业合作力度、加强双方新技术共同研发合作、完善合作机制、提高技术成果转化水平、培育高价值专利技术、适时引进技术经理人；企业创新发展能力提升主要包括提升企业协同创新能力、拓宽企业获取科技信息渠道、提升企业技术应用水平、加强企业科技人才培养、培育企业家精神、构建复合型化工新材料科技人才、建立企业技术扩散风险补偿机制；科技中介机构服务能力提升包括构建适宜的发展环境，加强中介机构监管力度、强化行业职业道德建设、加强人才队伍建设、拓宽机构融资渠道、促进风险资本与技术结合、建立健全投融资信息平台、构建多层次服务体系、健全科技中介机构服务体系、增强政府购买中介服务；政府服务能力提升主要包括明确政府在技术扩散中的定位、建立区域技术协同扩散体系、构建良好的技术扩散环境、制定产业创新发展规划、建设良好的产业基础设施、为扩散主体提供科技创新公共服务；金融机构支持能力提升包括完善银行支持机制、创新商业银行信贷机制、完善资本市场支持机制、积极引导风险资本投资等。

第 8 章为研究结论与展望。该章回顾了本书的主要研究内容与研究结论，指出了本书存在的不足与局限，并提出了未来的研究方向。研究技术路线如图 1-1 所示。

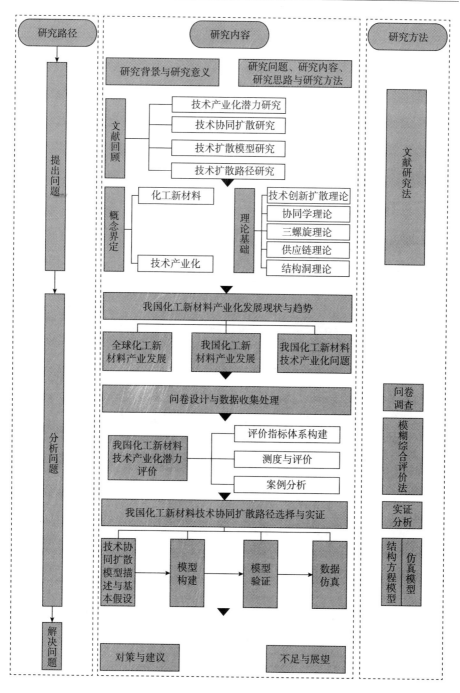

图 1-1　研究技术路线

1.4 研究思路与方法

1.4.1 研究思路

本书以"中国化工新材料技术产业化潜力评价与协同扩散路径研究"为题，研究对象是我国的化工新材料产业，研究主题是技术产业化，研究重点是评价和扩散路径。本书以我国化工新材料产业为对象确定了研究的范围是化工新材料技术，确定了研究视角是宏观产业和微观企业结合的综合视角；以技术产业化潜力评价与协同扩散路径为研究方向，确定了主要从评价化工新材料技术的产业化潜力和探究新技术的协同扩散路径两个方面来研究化工新材料产业技术的发展。

在我国政府提倡加快科技成果转化以及我国化工新材料技术产业发展尚落后于发达经济体的宏观背景下，以技术扩散理论、协同学理论、社会结构洞理论为基础，分析技术扩散的影响机制。通过构建技术产业化潜力评价指标体系，提供新技术的筛选和评价方法，进而对技术扩散中的参与主体进行分析，阐述了各个主体在技术扩散过程中的主要职能和对技术扩散的作用，以及主体之间的影响机制，形成了技术协同扩散机制；利用实证方法验证化工新材料技术协同扩散路径，以及仿真技术扩散的实现结果。

1.4.2 研究方法

1.4.2.1 问卷调查法和实例分析法

本书选用大豆蛋白基胶黏剂技术作为案例研究对象，通过问卷调查法，向大豆蛋白基胶黏剂技术研发、化工新材料技术评价和经济管理学领域等 10 位专家发放经过设计的技术产业化潜力评价指标体系调查问卷。将完成的问卷数据利用模糊层次分析（AHP）法进行定量计算，对该技术的产业化潜力进行评价，验证技术产业化潜力评价模型的有效性和准确性。

1.4.2.2 模糊综合评价法

本书根据化工新材料技术的特征设计技术产业化潜力评价指标，为了能够量化每个指标，利用模糊层次分析法，对技术产业化潜力评价指标进行权重的确定以及指标综合得分，以衡量技术产业化潜力的高低。

1.4.2.3 结构方程模型

结构方程模型（Structural Equation Model，SEM），也是一种用来验证因果关系的模型分析方法。结构方程模型具有既可处理显变量又可处理潜变量的优势，在实证分析过程中可以完成多种模型的分析，能够明确描述潜变量之间的路径系数和它们之间的因果关系、影响程度。本书利用结构方程对化工新材料技术协同扩散体系中多个参与主体对技术协同扩散绩效进行实证分析，用以验证化工新材料技术协同扩散体系的影响路径。

本书选择采用偏最小二乘结构方程（PLS）进行建模分析。结构方程能够处理多个变量之间的因果关系，以及对潜变量（即不可直接观测的变量）进行分析。偏最小二乘法是结构方程建模的方法之一，PLS 估算方法不需要在参数估计前进行模型识别，对样本数量及分布的要求较低，在小样本数据呈现非正态分布和存在共线性等情况下，样本数据的拟合度仍较高。

1.4.2.4 系统模拟仿真

系统动力学是解析、探究信息反馈的科学理论，是发现系统问题和找出解决方法的交叉科学。通过现实社会中的各种复杂系统的调查研究构建系统动力学模型，运用计算机编程与模拟研究系统的未来发展趋势。构建的系统动力学模型包含了确定研究目标、分析系统各要素的因果联系、构建因果回路图和系统流图、建立方程式、模拟仿真等环节。

本书运用系统动力学方法对化工新材料技术产业化协同扩散系统进行动态仿真检验。技术产业化协同扩散研究的是创新技术在不同个体之间的转移，具有明确的边界，同时其转移过程遵循技术发展的基本规律，模式较为固定，存在着互动和反馈；技术具有不断创新的扩散特征，技术产业化协同扩散符合系统动力学建模的基本条件。因此，本书采用协同仿真研究化工新材料技术产业化协同扩散的过程，并确定相关因素在协同扩散系统中的作用机理。

1.5　主要创新点

（1）构建化工新材料技术产业化潜力的评价指标体系。指标体系包含技术供给、技术需求、产业化条件、外部环境、预期效益5个一级指标，包含新材料技术的先进性、成熟度，化工的产业需求度等21个二级指标。近年来关于技术产业化的相关研究繁多，但缺乏对某一项特定技术的产业化潜力进行评价的定量化研究。本书提出5个一级评价指标并结合模糊综合评价法，较为全面、系统、定量地对化工新材料技术的产业化潜力进行评价。

（2）分析化工新材料技术产业化协同扩散机理。本书剖析了化工新材料技术产业化过程中的影响因素，建立了包括5个主体的协同扩散模型：科研机构是技术发明者和技术创新源头；化工企业是技术的接收者和生产者；科技中介机构是技术创新信息的传播者，并提供咨询服务；政府机构在技术协同扩散系统中主要扮演引导者和监督者的角色；金融机构主要为技术协同扩散的开展提供金融服务。本书基于此对所构建的模型进行了实证分析，获得提升化工新材料技术产业化协同扩散的积极影响因素，从而使技术产业化协同扩散从理论到实践"有迹可循"。

（3）明确化工新材料技术协同扩散路径。考虑到整个技术协同扩散过程影响因素包含众多的变量，整个建模过程较为复杂，在分析了化工新材料技术在扩散过程中各个参与主体的相互影响和相互作用后，本书又进行了模拟仿真分析。通过数值模拟仿真在较长时间内各个主体对技术扩散的影响路径，为加快化工新材料技术扩散提供了科学、严谨的理论依据。

2 概念界定与理论基础

2.1 相关概念界定

2.1.1 化工新材料

"化工新材料"（Advanced Chemical Materials 或 New Chemical Materials）是指通过化学合成方法制备的新材料，是以二次加工前一种新材料生产的复合材料，是新材料家族的重要成员。根据国家统计局公布的《战略性新兴产业分类（2018）》，化工新材料产业被细分为 10 个子类 31 个国民经济行业，如图 2-1 所示。

由传统化工材料发展出的化工新材料具有优异性能。陈瑞峰（2013）用化工材料产业的金字塔结构说明了化工新材料与传统化工材料之间的关系和区别。化工材料产业金字塔总共分为四层，从最底层到最顶层分别为大宗通用材料、新型合成材料、高性能先进材料和超级材料。其中，大宗通用材料

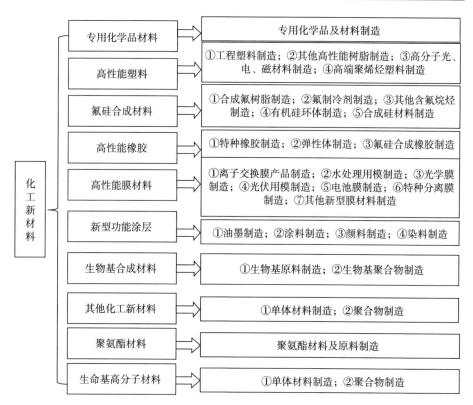

图 2-1 化工新材料主要行业

主要是关系到我国基本民生产业的化工材料，具有产量大、应用范围广泛的特点，我国在该类材料的生产上具有显著竞争优势，在国际上处于领先地位；新型合成材料主要包括特种橡胶、通用工程塑料等产品，在这类产品中，我国已经具备相对成熟的生产技术，但是产品的质量和种类与国际先进水平还存在一定的差距，后期通过技术的不断发展可以达到国际水平；高性能先进材料主要是能够应用于高端制造业的创新性材料，包括氟硅树脂、氟硅橡胶等多种材料，这些材料在国际龙头化工企业已经达到了可以大批量生产的成熟度，但我国目前仅有一两种产品能够进行产业化生产，其他产品还需要经历较长的实验室研发阶段，仍主要依赖国外进口；超级材料是指产品的抗腐蚀、耐高温、柔韧性等性能突破了寻常产品的水平，达到一种超越性的程度，这类材料通常应用于一些特殊行业领域，是国家化工新材料产业的发展前沿，我国目前尚未研发涉及。

2.1.2 技术产业化

一项技术或者一项化工新材料技术，要转化为生产力、要实现其经济价值，就需要转化为商品并走向市场，这个过程通常被称为"技术商品化"或"技术商业化"或"技术产业化"（王吉武等，2008）。"技术产业化"被定义为企业将一种科学技术应用于实际生产或商业运作中，以满足市场需求，而这个过程持续通过设计、研发、制造的升级、营销以及后来的努力，提升产品。它通常被认为是一个线性过程（黄鲁成等，2010）。技术产业化以研究成果为起点，经过产品生产、商业推广到整个行业或产业应用等环节最终得到预期的利润回报。以科技成果为起点，以市场为终点，实现科技成果由实验室向市场转化的应用过程。

技术产业化是一个动态的、持续的、有自己生命周期的活动过程。一项技术在成功进入市场成为商品的过程中，必须经历构想、能力培养、展示、推广及延续五个关键产业化的历程，并需克服五个历程中遇到的技术鸿沟，包括兴趣鸿沟、技术鸿沟、市场鸿沟及扩散鸿沟。

技术产业化是一项长周期、多主体的复杂过程，科研机构、企业、政府、金融机构等主体都在该过程中发挥不同但不可或缺的作用，由此也导致了技术产业化过程会受到众多因素的影响。根据众多因素在技术产业化过程中发挥的作用，可以将其分为两大类：第一类因素为系统因素，主要包括技术研发人员、创新性技术、研发资金等，这类因素是长期稳定存在的影响因素；第二类影响因素为非系统因素，主要包括国家宏观环境、地方政府政策法规、相关产业发展等，它们最突出的特点是不可控（Pantros IP，2013）。

2.2 理论基础

2.2.1 技术创新扩散理论

James Fleck 和 Barry White（1987）首次提出了"技术扩散是一种系统性的演化"的概念，并构建了分析技术演化过程的理论模型。在该模型中，技术的演化路径存在特定的轨迹，而非偶然的市场选择结果。因为在技术演化过程中影响因素有很多，而不同的因素在不同的环境下对不同的技术产生的影响作用不同，由此也导致了技术扩散轨迹既存在共同特征，同时也具有自身的独特性。此外，技术的扩散是基于经济社会中不同主体需求下的演化过程，因此技术扩散的方式、速度和效率取决于技术需求度最高的主体对技术的影响程度。

2.2.2 协同学理论

技术协同扩散理论是根据德国物理学家赫尔曼·哈肯（Hermann Haken）创立的协同学理论演化而来。协同学理论认为，经济社会和自然界的相似之处在于两者都同时存在有序状态和无序状态，其中有序状态等同于协同；在一定作用条件下，无序状态可以转化为有序状态，实现一定程度上的协同，这种转化规律也同时适用于人类社会和自然界。技术的扩散过程可以划分为多个子系统，借助各个子系统的能量、信息等因素形成一个闭合循环的体系（Shane，2002）。协同是各个子系统由各自独立工作转向合作工作的演化过程，在这个协同演化过程中，每个子系统的作用增强，起到事半功倍的效果，其共同作用的结果远远超过各自工作产生的作用，同时各个子系统能够从中获得比独立工作时更大的利益。因此，协同过程能够增强各参与子系统的作用，同时收获更多的利益。

协同学在新技术的协同扩散主要体现在创新技术在技术产生方、技术需求方、技术服务方和技术支持方合作下的推广应用上，每个作用主体都是该系统中的一个子系统，在技术协同扩散过程中，各个子系统发挥自身的作用，形成一个闭合的技术扩散循环体系，这样一来，技术产业内的各类优势资源能够突破体系的"壁垒"，在一个无形的新技术扩散体系内得到重新组合和高效利用，对新技术形成一种强有力的推动作用，加速新技术成果转化效率，将新知识技术转化为经济效益。

2.2.3 三螺旋理论

三螺旋理论是协同创新研究中的常用理论，该理论认为大学、政府及产业三个主体在协同合作过程中，可以通过组织之间结构性和制度性的协调机制，形成有效的互动模式，进而高效率、高效能地运用科技资源，最终实现创新系统的演化和升级（方卫华，2003）；同时，大学、政府、产业能够发挥"其他机构范围的作用"，三个主体在相互作用的过程中促进了大学科技园、孵化器及运营服务公司等混合型机构的产生和发展。在三螺旋理论指导下的科技成果转化模式中，技术成果的持有方、企业、政府、市场、投融资机构等主体形成以科技转化为主的螺旋形的系统结构，各主体在科技成果研发、孵化成熟、市场化应用等演进过程中密切协作、相互作用，进而催化了科技成果转化运营机构这一混合型机构的产生。

2.2.4 供应链理论

从知识转移的视角来看，科技成果首先从科技成果的拥有者向运营机构转移，在运营机构内部实现技术的成熟并生产出产品；然后将产品、信息、技术等投入市场或向有需求的产业企业转移。从价值链的视角来看，科技成果的成功转化，需要政府的财政扶持、社会资本的资金支持、科研机构的高新科技创造，以及市场管理及产业的庞大需求和运营机构的从中协调。同时，社会资本可从中获得股权、红利、债权收益等；政府可通过项目的引入获得税收收入、增加就业机会、带动产业发展升级；市场管理及产业企业可从中获得产品、信息及技术方案等；科研机构可从中获得股权及佣金；运营机构可通过成果转化社会网络的运营维护获得收益。

2.2.5 结构洞理论

社会网络中的结构洞理论，是指社会网络中的两个成员间缺少直接的联系，而必须通过第三方才能形成联系，这个第三方就在社会网络中占据了一个结构洞的位置。在科技成果转化过程中，科技成果的拥有者与市场需求方的匹配受到多方面因素的制约，需要第三方的参与以实现成本的节约和匹配度的提高。科技中介机构通过科技成果筛选、技术成熟、生产运营等一系列步骤将科技成果转化为市场需求的产品、项目或信息等，并最终移交市场或企业；金融机构为科技成果转化提供资金上的支持；政府部门为科技成果转化提供财政支持，促使科技成果转化后的项目落地生根，产生社会经济效益。

2.3 本章小结

本章包括概念界定和相关理论基础两部分。概念界定首先是对化工新材料作了定义与分类，明确了化工新材料的主要分类和应用领域。其次是技术产业化的定义与过程，确定了本书的"产业化"是以研究成果为起点，经过产品生产、商业推广到整个行业或产业应用等环节最终得到预期的利润回报。技术创新扩散理论、协同学理论、三螺旋理论、供应链理论和结构洞理论等相关理论是实现技术协同扩散的重要理论，为本书研究提供相应的理论支撑。

3 化工新材料产业化发展
现状与趋势分析

3.1 全球化工新材料产业发展现状及发展趋势

3.1.1 全球化工新材料发展现状

化工新材料产业是支撑国民经济发展和重大战略领域的基础性产业，融合了众多学科技术成果，绿色环保、轨道交通、生物、医药、新能源、航天航空是化工新材料主要的应用市场。全球新材料产业 2020 年产值达 2.93 万亿美元，较上年增长 10%，其中 49% 属于先进基础性材料的产值，43% 为关键战略性材料的产值，前沿新材料产值所占比例为 8%（何倩倩等，2019）。化工新材料产业在全球产业布局中始终是具有发展潜力的战略性产业，美国、欧洲和日本等发达经济体在全球化工新材料产业中占据领先地位，例如，在全球碳纤维产能中，日本、美国、德国等的 6 家企业就占比 70% 以上；在全球 12 寸晶圆产量中，日本和美国的 5 家企业占比 90%以上；在全球液晶背光源发光材料产量中，日本 3 家企业占九成以上。

3.1.1.1 美国

美国在新材料研究领域一直处于国际领先地位，美国政府发布了一系列产业政策、规划与研发计划以推动新材料领域的科技创新。

美国对新材料产业的支持是其拥有新材料领域技术领先优势和全球领先地位的重要原因。美国通过密集的政策引导新材料的产业发展，涵盖特种材料、清洁能源、国防安全等多个领域，包含了复合材料、纳米技术材料、半导体材料、生物材料及能源材料等诸多材料（曹湘洪，2013）。美国的新材料产业的主导方向是航空航天、军工及能源，多用于服务国家安全方面，军工特色浓重，在电子计算机技术和航空航天等方面也遥遥领先。

3.1.1.2 德国

德国一直走在汽车、电气、生物技术、化学、电子与信息技术等领域的发展前沿，是全球公认的工业强国。2011 年实施"工业 4.0"战略后，德国的工业创新能力全球领先，科技创新经验丰富，形成了以德国为中心的创新引导区，使欧盟的国际竞争力不断增强。

德国新材料产业呈现出集约化、集群化的发展趋势，其重要特征是技术进步和技术创新。德国从国家层面对化工新材料产业发展进行整体规划，也是通过制定政策来奠定基础。结合国家现状制定战略规划，带动技术升级以及产业转型。中国创新能力的提高以及全球价值的提升，在国际市场上对德国企业造成了竞争压力，德国的《国家工业战略 2030》就提到要学习中国在产业发展方面的成功经验。

3.1.1.3 日本

日本对新材料领域的技术研发和应用十分重视，在碳纤维复合材料、特种钢、半导体材料及电子信息材料等领域处于国际领先地位。在对新材料研发的同时，日本对传统材料进行改性以提高材料的性能，并注重资源循环利用和环境保护。

日本重视制定政策来促进产业发展，主要表现在科技与新材料的研究方面在电子半导体、新能源材料和环境三大领域占有全球绝大部分份额，在碳纤维、非晶合金、工程塑料、精细陶瓷、有机 EL 材料等新材料方面也具有明显的优势。

3.1.2　全球化工新材料产品的开发与应用

自 2005 年起，在塑料新材料方面，北欧化工公司（Borealis）向市场推出了 63 种塑料新材料产品；近 5 年开发的新产品销售额占据公司总销售额的 1/5。在硅胶材料方面，陶熙（DOWSIL）公司（原道康宁）一直是全球硅胶技术和创新领域的领先者。该公司的研发重点是终端市场电子和光电子领域，这些领域呈现高增加性，前景广阔，陶熙公司在这些领域的销售收入占总销售额的 1/4 以上。在纤维材料方面，荷兰 Diolen 公司开发出用于苛刻环境下的高韧性多纤维纱，如汽车工业（汽车壳体以下）、热气体或液体过滤、工业液压等系统和复合应用。帝斯曼工程塑料公司研发出一个新的产品——Stanyl46SF5030，这种新材料具有卓越的强度、流动性和延展性，可用于包括移动电话、创新型平板电视、mp3 播放器、笔记本电脑、液晶显示屏等所用的 SMT 连接器。新型纳米材料方面，韩国 LG 化学公司开发的 Hyperier 高阻隔性工程塑料（EP）就应用了纳米技术（王席鑫和孙琦祥，2020）。巴斯夫公司研发出的 Ultradur® High Speed 纳米高分子改性（PBT）可应用于电话线插座，其还将这种技术应用到其他的聚合物中，如聚酰胺和 ABS 等。

3.1.3　全球化工新材料产业化的发展趋势

全球化工新材料产业随着市场逐步成熟和产业技术进步正进行新一轮的

转型升级和产业结构调整，化工新材料产业未来发展的主要方向将是优化产业组织和高新技术应用。结合未来制造业发展方向，可以归纳出世界化工新材料产业发展的几大趋势。

3.1.3.1 产业格局集中化

化工新材料产业正在进行产品结构调整，大型跨国公司通过并购、联合等战略措施强化核心业务，专业性更强，市场化程度更高，并占有大部分的资源、垄断技术创新、垄断产业市场（中国石油和化学工业联合会化工新材料运行调研课题组，2015）。如今大型跨国公司发展的主流方向已经是全球化联合生产，行业巨头的市场份额逐渐增加，随着产业集中度和垄断性提高，产业格局逐渐呈现集中化的特征。

3.1.3.2 产业发展融合化

化工新材料产业涉及众多行业领域，产业链上下游协同的重要性日益突出，随着化工新材料产业逐渐发展，产业融合成为重要发展趋势。化工新材料行业的产业融合主要是与金融业、互联网和服务业等融合。由于信息技术的快速发展，产业与服务业融合成为产业融合的主流趋势，将推动全球产业升级，推动化工产业结构转型，由产品经济向服务经济转型。

3.1.3.3 发展模式呈现大型化、基地化和一体化

化工新材料产业随着设备制造技术、工程技术和工艺技术的进步，逐渐向规模化和大型化发展。产业规模化的发展产生产业链条，产业链的发展必将推动生产基地化，最终形成化工园区，成为化工新材料产业发展的主要模式。

3.1.3.4 产品精细化

化工新材料产业发展和产业转型升级需要科技创新，在全球市场发展的推动下，全球大型跨国公司重视对化工新材料等新兴产业的科技创新，对其研发投入显著提高，使上游材料、中间品和下游最终产品逐渐精细化。化工

新材料是未来全球发展的战略重点，化工新材料产业也将是发展速度最快、竞争最激烈的产业（罗仲伟，2009）。

3.2 我国化工新材料产业化发展环境分析

3.2.1 宏观环境分析

在全球经济一体化进程加快和我国科技、经济等迅速发展的背景下，化工新材料产业与外部环境的联系逐渐紧密。全球经济波动和市场对产品需求的多样化已经成为影响化工新材料产业发展的重要因素。PEST 分析法是指从政治（Politics）因素、经济（Economy）因素、社会（Societ）因素、技术（Technology）因素四个方面进行分析，并根据产业发展的外部宏观环境分析四个因素对产业发展的影响。

3.2.1.1 政治因素分析

近几年，国家和地方政府加大对化工新材料产业的支持力度，主要体现在资金、政策等方面。

（1）加强政策引导，推进产业化进程。政府部门通过专项项目来支持化工新材料的示范应用及产业化，组织新材料重大工程，积极建设公共服务平台。

（2）加强行业管理，发挥行业协会作用。政府要创造公平透明的市场竞争环境，需要通过制定规范、标准和政策，并监管政策执行。行业协会就是维系政府与企业关系的"桥梁"与"纽带"。

（3）鼓励企业开放发展，走国际化道路。抓住国外先进企业进入国内市场这一机遇，鼓励国内企业与国外合作，从而更容易获得外方的技术溢出。政府还需制定政策鼓励国内企业走向世界，充分利用世界资源。

（4）培育企业做大做强，推进产业集约发展。化工新材料企业要想具有国际竞争力，必须做大做强，可以通过兼并重组、战略合作的方式，最终形成集团。加强建设化工产业集群，围绕大型企业形成企业之间的配套产业链，以提高整体的竞争力。

（5）适当利用公平贸易手段，保护民族工业。政府运用反倾销等手段维护国际公平贸易，例如，在双酚 A、有机硅等行业中，反倾销极大地促进了行业的快速发展。政府与行业协会有义务持续维护公平竞争的国际贸易环境。

3.2.1.2 经济因素分析

经济因素是企业发展的重要影响因素，企业的市场前景和市场竞争，方方面面都会受到所处经济环境的影响。国家经济增长态势良好，企业也会依靠国家的经济态势向好发展；相反，国家经济发展低迷，也会抑制企业的经营发展。同时，全球化的进程也使企业的经济影响因素不仅限于本国经济，也会受到全球经济环境的影响。

改革开放至今，我国的国内生产总值随着经济发展的巨大进步逐渐提升，如图 3-1 所示。中国目前是世界第二大经济体，很多工业产品产量一直稳居世界第一。我国综合国力大幅提升，国际影响力显著增强，为产业发展提供了良好的经济环境。

近年来，我国政府一直高度重视化工新材料的研究及其产业化发展，开展的高技术产业化项目达上百项，社会资金投资增加近 10 倍，化工新材料的研究开发在多个领域内取得重大突破，2019 年时工业产值已突破 5500 亿元。

但是，我国的化工新材料产业还处于劳动密集型、资源密集型发展阶段，与世界发达国家相比，发展水平相对落后。

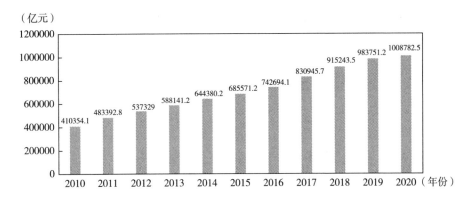

图 3-1　2010—2020 年中国国内生产总值

资料来源:《中国统计年鉴 2021》。

我国化工新材料产业呈现外向型经济特征,国内经济形势的变化及国际金融危机容易对产业造成较大的影响,会产生外部需求下降、企业亏损加重、出口压力增加、经济增速放缓等负面影响。对化工新材料产业来说金融危机的影响具有双面性,我们应当从危机中发现更多的发展机遇(赵俊贵,2015)。

我国化工新材料产业经济因素方面的优势体现在以下几点:

(1)化工产业发展环境良好,产品市场潜力巨大。随着我国经济持续增长,各种高新材料等化工产品的需求量增加,会产生更多资金促进产业发展,这为产业发展提供了巨大空间。

(2)政府制定政策拉动内需,开拓新市场。国家颁布了"新农村建设"等政策和措施,推动了农村经济发展,拉动了内需,开拓了新的市场发展空间。

(3)工业全球化促进产业经营国际化。新材料产业全球化可以确定中国产品的制造地位,加大引进国外研发技术,促进国内产业结构升级。

3.2.1.3 社会因素分析

社会因素包括被评价对象所在社会的诸多因素，如社会价值观、文化环境、当地风俗传统和人均受教育水平等。化工新材料产业转型升级及技术创新发展需要足够的技术人才，由于高校和科研机构数量不足，高等文化教育水平相对滞后，高级科研人才资源缺乏，进而导致化工新材料产业的人力资源的构成不合理，现有的技术人才数量及人才结构都无法满足产业发展需求。另外，教育行业、社会文化和精神文明建设的相对落后也对目前化工新材料产业的发展产生了制约。鉴于此，近年来我国贯彻实行科教兴国战略，对培养高科技人才高度重视，这可为化工新材料产业提供需要的技术人才，以促进产业发展。

3.2.1.4 技术因素分析

我国化工新材料产业是重点发展的高新技术产业之一，它的涉及面广、与上下游产业联系紧密，是自主研发创新领域的热点。

我国化工新材料产业的发展有着"大而不强"的弊病。调研全国 30 多家大型企业后发现，130 多种关键基础材料中 52% 依赖进口，32% 的材料仍为空白，具体如图 3-2 所示。目前，我国化工新材料占化学工业主营收入的 6.6%，化工新材料总体自给率为 60%（张守锋，2021），这 60% 的产品，仅创造了 40% 的价值；而尚未攻克的 40% 高端产品，创造了 60% 的价格。在化工新材料领域，我国产品品类较少，且主要是低端产品，高端仍依赖进口。

但是，近年来我国在科技创新方面的投入相当可喜。在塑料与橡胶制品及非医药类化工品方面的研发投入很高，比其他经济体高很多，因此该领域的技术创新速度快于其他经济体，化工领域多年的研发积累有望实现产业成果转化。

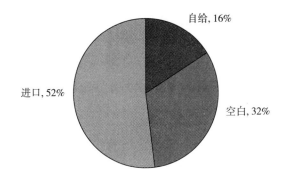

图3-2 我国化工新材料产能现状

资料来源：作者绘制。

3.2.2 行业竞争环境分析

目前我国化工新材料产业形成了较为完善的产业体系，汽车、新能源、节能环保、高端装备制造等领域部分关键技术的突破使我国拥有了较大规模的市场。我国化工新材料行业的企业竞争格局已基本稳定：一是产业基础完整、技术水平高、产业经验丰富的外资企业；二是产业基础完整、有一定产业经验、有较丰富的技术积累的大型国有企业；三是民营中小型化工企业（曹梦然，2020）。

（1）潜在竞争对手进入风险。

目前，新进入化工新材料行业的竞争者主要有三类。第一类是拥有核心技术和生产工艺的科研机构或公司，为了转化技术、提高生产力，自己建立生产部门逐渐发展成公司，或者直接成立化工企业。这类企业最主要的优势是具有创新性的核心技术，因此其在新兴材料领域具有突出的优势和竞争力。第二类是普通的化工企业，通过并购和重组的方式获得了化工新材料生产的资质和能力，将化工产品和新材料产品生产进行整合，延伸企业的产业链条，再借由企业在化工市场原有的市场地位和市场份额，继续拓展企业的化工新材料产品市场。第三类是资金实力雄厚的企业，为了进行企业转型升级，拓展企业的发展领域，投入大量的资金购买关键技术，高薪招聘高端技术人才，成立新材料技术研究中心，研发新技术新产品，提高在新材料市场上的竞争力。

由于化工新材料产业是一个资金密集、技术密集、人才密集的产业，从目前的行业格局来看，已经进入该领域的企业多是拥有强劲实力的大型国有企业或民营企业，它们都具有较强的资源、技术和经验优势；国家对化工新材料产业新建项目审批方面比较谨慎，准入门槛较高，因此，潜在竞争对手进入风险较小。

（2）产业内现有企业竞争强度。

现代化工新材料产业具有交叉性产业的特点，产业壁垒较高，产业竞争结构稳定。产业需求中高端产品仍需进口，部分发展迅速的化工新材料及原料开始出现结构性过剩，并出现不同程度的产能过剩。随着新建化工项目的增多，市场竞争将更加激烈，例如聚烯烃是一种主要国民经济基础原料，到2020年已有近40个项目建成投产。产业成本方面，固定成本的回收期较长（卜新平，2018）；进口核心技术和先进设备价格昂贵；原料市场价格变化提高了化工企业的原料成本，削弱了化工企业的原料成本优势。但多数企业为国有企业，进入产品市场后一般不会轻易退出。

（3）购买者的讨价还价能力。

化工行业的购买者分为两类。第一类是化工新材料产品购买者，这类购买者规模较小、数量较多，为了内部生产运行稳定不会频繁变更供货商，基本不讨价还价。第二类购买者是有意愿投资化工企业或者化工新材料项目的投资者，这类购买者的投资目的是通过生产化工新材料产品来实现资产的增值。这类购买者通常是经济实力强大的企业，在议价能力方面本身就具有一定的优势，并且随着化工新材料产业规划、国际原料和能源以及产品市场竞争等外在因素变动的加大，在一定程度上增强了这类购买者的议价能力。

由于化工新材料行业在发展过程中受资源、自然环境和创新性技术的影响较大，投资类的购买者在考虑产品价格的同时，更加注重技术的先进性、项目经验的充足性、对生态环境的影响程度、产品质量和服务水平等因素。因此，化工新材料企业若要提高在议价中的话语权，获得更高的收益，就需要考虑提升技术的创新性或者引进先进技术，增强产品的创新性和产品质量，加强产品生产过程中的环境保护，同时，提供让投资者和消费者这两类购买者都感到满意的服务，维持良好的合作关系，增加合作交易。

（4）供应商的讨价还价能力。

化工新材料企业成本包括原料的品质和运输费用：原料品质会影响生产的稳定性，运输费用直接影响成本支出，运输、能源等多是买方市场。化工新材料企业内部人才储备丰富，企业的薪酬待遇水平较高和稳定性较好，获得高素质劳动力相对容易。

（5）产业替代性产品威胁。

化工新材料逐步成为引领当代世界科技创新和经济发展新的主导产业。我国的化工新材料产业发展迅速，不断突破关键技术，产品经济性增强，产品种类增多，正在成为产业投资的热点，显示出了强劲的发展势头。2020年，我国化工材料总产量约 153.6 万吨，其中有机酸、氨基酸、化工醇等化工原料化学品约 20 万吨，化工塑料约 10 万吨，同比 2014 年增长约 45%，具体如图 3-3 所示。短期内新能源受技术限制，无法完全满足社会的需要，产业替代性产品的威胁较小。

综上所述，技术创新和国家政策对化工新材料产业的影响极大，化工新材料产业发展呈现出集群化趋势，盈利空间受原料等诸多因素"控制"，产业需求未开发完全，退出障碍较大，原料供应较稳定，替代性产品较少，目前化工新材料产业整体竞争强度适中。

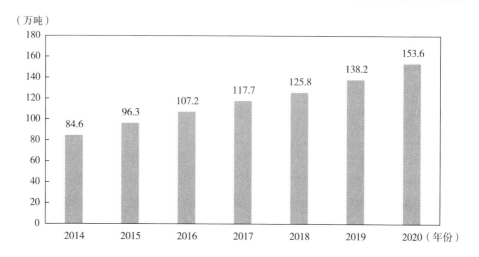

图 3-3　2014—2020 年化工材料产量

资料来源：2015—2021 年《中国统计年鉴》。

3.3　我国化工新材料产业化现状分析

3.3.1　我国化工新材料产业规模发展现状

自"九五"计划开始至今新材料一直是我国的发展重点，目前新材料技术已经取得较大的发展，拥有了较强的自主创新能力。我国的新材料产业分布形式是产业基地，这是一种促进产业成长过程中引导与强制相结合的模式。我国新材料产业基地，东西部差异明显，产业特色鲜明，兼顾了区域经济发展的实际需要。

我国新材料产业呈现集群式发展的模式，形成了西部、中部、东北地区产业集群；以珠三角、长三角、环渤海地区为中心，高校及科研机构、企业、资金、市场等围绕其形成区域聚集现象，拥有产业集中度高的优势。开发区数量逐年增加，目前已有 300 多家，其中以江苏省数量最多。

全球对环境问题的逐渐重视使国家对环保的要求逐渐变高；不可再生能源越来越少，因此要求保持较高的能源有效利用率，科研人员越来越重视化工新材料的研究。绝大多数低端化工产品产能过剩，而高端新材料如特种合成橡胶、高性能树脂、功能性膜材料、高性能纤维等却严重依赖进口。目前，化工新材料拥有一个广阔的市场和良好的发展前景，国内对高端新材料技术的创新研究有很大的空间，成功将获得很大的经济效益，这也为产业研发提供了动力。在国内良性的发展环境下，随着新技术的开发与应用，整个化工新材料产业将蓬勃发展。

2011 年以来，我国化工新材料产业取得了重大突破，高性能橡胶、聚氨酯材料、氟硅材料、工程塑料等行业快速发展（王光大等，2021）。其中，有机硅、光伏材料等产能领先于国际上大多数国家，部分自主开发产品技术已经达到国际领先水平，如间位芳纶和二苯基甲烷二异氰酸酯（MDI）等。2016 年，我国化工新材料行业的自给率为 58.5%，2019 年已经达到 64%，自给率正在逐年提升，各产品产量、消费量和自给率情况如表 3-1 所示。

表 3-1　2019 年我国化工新材料总体情况

产品类别	产量（万吨）	消费量（万吨）	自给率（%）
工程塑料	207	400	52
高端聚烯烃塑料	490	1049	47
聚氨酯材料	750	853	88
氟硅材料	45	48	94
高性能橡胶	240	360	67

产品类别	产量 （万吨）	消费量 （万吨）	自给率 （％）
高性能纤维	12	14	86
功能性膜材料	30	50	60
电子化学品	45	75	60
其他	75	90	83
合计	1894	2939	64

资料来源：《中国统计年鉴2020》。

我国一直制定相应政策来扶持化工新材料产业的发展。随着我国国民经济持续快速增长和新技术的开发与应用，目前化工新材料产业发展的基本特征如下：

（1）市场需求高速增长。

2014年后我国主要化工新材料年消费量增长很快，到2019年五大通用工程塑料消费量年均增长率17.8%，其中聚甲醛消费量年均增长率高达26.8%，聚碳酸酯需求量年均增长率达到19%。

（2）部分化工新材料初具产业规模。

近年来，我国化工新材料产业取得巨大科技成果，开发的大量高性能化工新材料支撑了尖端技术、国民经济和国防军工的发展。我国基本上成功研制出全部已有大类品种的化工新材料，部分已形成一定生产规模，如有机硅、PBT工程塑料、氟材料、聚酰胺等。

（3）高性能化工新材料大量依赖进口。

高性能化工新材料产业化程度目前仍较低，大部分只能依赖进口。在2017年后我国主要化工新材料的进口量呈逐年递增态势（见表3-2）。

表 3-2 2017—2020 年我国部分化工新材料进口情况

品种	2017 年	2018 年	2019 年	2020 年
聚碳酸酯	6.55	10.88	23.64	26.60
聚甲醛	3.94	6.34	10.83	10.90
聚酰胺	7.96	4.51	6.14	5.23
聚酯 PBT	0.31	0.44	13.47	13.00
聚硅氧烷		3.11	5.12	6.26
聚四氟乙烯	0.09	0.13	0.24	0.31
聚氨酯		5.45	6.79	

资料来源：2018—2021 年《中国统计年鉴》。

（4）应用示范和支撑重大工程的作用日益显现。

随着绿色、环保、低碳、节能意识的提高，为满足资源节约、环境友好的要求，响应节能减排的号召，化工新材料趋向高性能、低能耗。目前高技术发展主要依靠高性能结构材料支撑，新材料在超高压电力输送、高速铁路、深海油气开发、大飞机、超临界燃煤发电机组、载人航天、探月工程等重大工程中做出了重要贡献。

3.3.2 我国化工新材料技术研发现状

我国化工新材料需求量不断增加，己内酰胺、碳纤维复合材料和钕铁硼磁性材料分别是有机化工重要原料和战略性化工材料，对我国的基础化工产业和战略性新兴产业的发展具有至关重要的影响作用。

3.3.2.1 己内酰胺

己内酰胺（CPL）是一种重要的有机化工原料，主要用于合成 PA6 纤维（锦纶）、PA6 工程塑料和聚酰胺（尼龙）以及薄膜等，用途十分广泛（Burgelman，2012）。

2020 年，我国己内酰胺产能增长 55 万吨，产能合计为 434 万吨，产量为 352.93 万吨，产能利用率为 81.51%。我国己内酰胺的需求主要是生产 PA6 工程塑料和 PA6 纤维，其中 PA6 纤维的需求量约占总消费量的 80%，非纤用的 PA6 工程塑料约占总消费量的 18.0%。由于 PA6 生产的快速增长，行业近几年需求稳步上升，2019 年己内酰胺表观消费量达到 339.19 万吨。

2021 年上半年，国内己内酰胺产业中就有福建永荣 20 万吨装置投产，沧州旭阳 5 万吨装置扩产；下半年，浙江恒逸集团扩产 10 万吨，新增产能较少。据统计，2022 年己内酰胺国内预计新增产能高于 2021 年新增产能，加之国内长期停产装置已在 2022 年重启，继续提高己内酰胺行业产能集中度，增加未来市场供应，2022 年己内酰胺市场已进入新的竞争格局。

3.3.2.2 碳纤维材料

碳纤维是指碳含量在 90% 以上的无机纤维材料，可用于国家安全和武器装备上，支撑新兴战略产业的发展，被称为"新材料之王"。碳纤维可分为沥青基、聚丙烯腈（PAN）基和黏胶基碳纤维。

国内碳纤维产业具有较高的市场集中度，主要聚集于吉林、江苏、山东等地。虽然碳纤维企业数量逐渐增多，但在制造工艺、精细化控制水平和产品可靠性等方面与国外仍存在差距，国产碳纤维在成本、连续性和材料性能方面存在劣势。碳纤维制备技术中，预氧化工艺所占成本比例为 15%～20%，碳化和石墨化工艺所占成本比例为 25%～30%，因此开发出新的高效预氧化技术和碳化、石墨化技术，以提高碳纤维质量稳定性和降低成本极为迫切。

3.3.2.3 钕铁硼磁性材料

钕铁硼磁性材料是以钕铁硼（Nd-Fe-B）为代表的稀土磁性材料，以金属间化合物 $Re_2Fe_{14}B$ 为基础的材料。钕铁硼磁性材料的优点包括高能量密度、磁能积极高、矫顽力较大、机械特性良好等，被广泛应用于节能环保和新能源领域，包括新能源汽车及汽车零部件、风力发电、节能电梯、节能变频空调、机器人及智能制造。

我国钕铁硼永磁形成了京津、浙江宁波、山西三大生产基地，呈现出地域集中趋势。从山西省钕铁硼永磁材料在太原、运城、阳泉、长治这四大产业集群的产业发展来看，没有上市企业，大部分企业还是中小型企业，产业集聚层次较低，规模小、分布散，除中磁科技、金山磁材、汇锣磁材等少数企业生产高端钕铁硼材料外，大部分企业还是依靠引进技术生产中低端产品，整体钕铁硼的产业链不完善。需要依托产业基地扩建产业技术园区，重点推动钕铁硼生产与加工的产品由初级产品转变为终端产品，鼓励下游产业优先选用本土钕铁硼永磁材料，使产品销售渠道转变为直接对接终端用户，完善钕铁硼的产业链，形成具有竞争力的产业集群。

3.4 我国化工新材料产业化发展趋势

"十三五"期间，我国在国民经济高质量发展的带动下，明确化工新材料在发展过程中的市场需求为自身的发展目标和标准，对化工新材料产业进行整体优化。由此看来，"十四五"期间我国化工新材料产业的发展将呈现以下趋势：

3.4.1 产业规模与市场占有率不断扩大与提高

相较于 20 世纪，我国化工新材料产业规模获得了进一步的扩大，如图 3-4 所示，从市场规模的数据来看，2019 年我国新材料产业市场规模为 4.5 万亿元人民币，同比增长 15.4%。从产量的数据来看，2019 年我国新材料产业产量为 2433 万吨，同比增速约为 11%。从销量的数据来看，2019 年我国新材料产业销量为 3513 万吨，同比增速约为 5.1%，由此可见，我国的化工新材料销量远高于产量，随着我国新材料项目不断增加投产，产量的增速远超过销量的增速，说明我国新材料产业的市场占有率在不断提高。

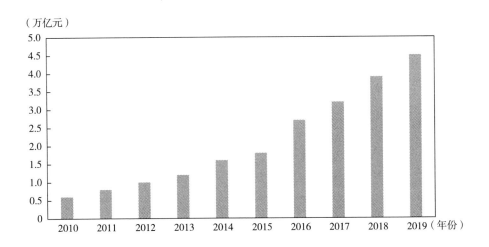

图 3-4 2010—2019 年中国化工新材料产业规模

资料来源：华经产业研究院（www.huaon.com）。

国家重视化工新材料产业发展，在技术研发方面的支持和投入的增加，使产业的自主研发能力增强，我国在某些关键材料领域实现了新的突破与发展，实现了与国际先进水平"并跑"（胡绪楠，2022），如 T300 级碳纤维单线产能提高到 1200 吨、T700 和 T800 级碳纤维的产品性能已经达到国际水平。《石油和化学工业"十四五"发展指南》提出，"十四五"时期末，化工新材料的自给率要达到 75%，我国战略性新兴产业、新能源、环保产业的发展离不开化工新材料产品的支持，这些新兴领域的发展增加了下游市场对新材料产品的市场需求，广阔的市场空间和需求潜力必将推动化工新材料产业的进一步发展壮大，预计到 2025 年，我国化工新材料产业规模将达到 10 万亿元。

3.4.2 研发能力与水平进一步提升

我国传统化工领域在积极进行转型升级，战略性新兴产业逐步发展，对于耐高低温、耐高压、高导电性、高绝缘性、耐强酸强碱、耐磨防腐、重量轻等性能的新材料需求大幅上升，追求性能优化、功能优化、替换传统材料的需求，对于关键基础性材料来说也是空前的挑战，这些需求和挑战在不停地推动着我国化工新材料研发能力与水平不断提升。

近年来，我国在新材料领域部分核心技术取得了重大突破，提升了许多高性能应用新材料的技术指标，在相关领域处于国际领先水平并成功实现产业化，如三硼酸锂（LBO）、氟硼铍酸钾（KBBF）和偏硼酸钡（BBO）等非线性光学晶体。纳米材料也是 20 世纪 90 年代以来世界新材料研究开发的热点，是 21 世纪最具发展前景的新材料。高分子材料是化工新材料产业的重要分支领域，随着行业研发能力的提升，其重要组成部分——高分子助剂性能实现了关键性突破，使高分子材料在原有性能基础上又具备了特殊的电磁性能、光电性能、医用性能等，逐渐突破了国外大型化工企业的长期垄断。

未来伴随着工业互联网、物联网、元宇宙等产业概念逐步完善、落地，我国化工新材料也会加速朝着高科技化方向发展，大量涌现出来的传感材料、自适应材料、自修复材料等新材料技术与需求更加贴合，更加注重化工新材料高端产品系列的研发和生产，必将为我国的高端智能化装备、航空航天、生物医药、军事国防等方面的发展提供强有力的支撑。

3.4.3 产业区域集聚发展

由于区域性行政政策的支持和引导，化工新材料产业在我国呈现出良好的产业聚集发展态势。总结和分析我国各省份产业政策情况发现，我国有 20

多个省份将新材料产业作为高新技术产业发展的重点，或作为战略性新兴产业进行重点扶持，政府以政策支持的方式，在基础条件不同的地区建设各具特点的化工新材料产业基地，逐步形成了化工新材料产业在区域上集聚发展的趋势。

粤港澳地区的新型显示材料、先进陶瓷材料、改性工程塑料、生物医用材料等产业的集中度高。长三角地区形成明显的区域特色，主要集中在航空航天、电子信息、新型化工、新能源等方面。京津冀地区在半导体硅材料、石墨烯材料等多个领域具有较强优势，主要是技术创新推动产业发展。安徽的新型化工材料和新型建材，江苏苏州的纳米材料，福建的锂离子电池及材料，以及江苏徐州、河南洛阳的多晶硅材料也都各自形成了特色化的区域集群。另外，根据 2019 年国家发展和改革委员会公布的《首批国家战略性新兴产业集群（新材料产业）名单》（见表 3-3），我国化工新材料产业区域格局更加明朗。

表 3-3　我国首批国家战略性新兴产业集群（新材料产业）名单（2019 年）

省份	城市	集群名称
福建	福州	新型功能材料
	厦门	新型功能材料
	莆田	新型功能材料
浙江	宁波	新型功能材料
安徽	铜陵	先进结构材料
河南	平顶山	新型功能材料
山东	淄博	新型功能材料
	烟台	先进结构材料
湖南	娄底	先进结构材料
	岳阳	新型功能材料
江西	赣州	新型功能材料

续表

省份	城市	集群名称
贵州	铜仁	新型功能材料
陕西	宝鸡	先进结构材料
新疆	乌鲁木齐	先进结构材料

3.4.4 产业发展环境持续优化

化工新材料产业在"十三五"期间增加了产值，优化了产业机构，涌现出了一批领头企业，但同时凸显出国际先进材料研发不足、关键战略领域缺乏保障且依赖进口、基础材料品质有待提升等问题。"十四五"规划纲要中提到，要聚焦战略性新兴产业，构筑产业体系新支柱，明确化工新材料在国民经济发展中的重要作用，并对高端化工新材料的发展做出明确指示：推动先进金属和无机非金属材料发展，加强生物基材料、高性能纤维及其复合材料的研发应用，推动电子高纯材料和高性能树脂突破关键技术。通过制定鼓励政策和加大资金投入加强对新材料产业的支持，优化产业政策环境使化工新材料实现高质量发展。政府政策引领着化工新材料产业发展的宏观环境持续优化。

在宏观环境持续优化的同时，化工新材料在产业链条中的微观环境也得到了进一步优化。首先体现在下游应用领域的拓展与发展上，化工新材料在新能源、电子信息技术、环保产业、生物医药等新兴行业领域中都开始得到重视和应用，这些领域往往是国家重点关注和发展的战略性新兴领域，市场规模迅速扩大，在下游应用市场容量不断扩大的推动下，化工新材料产业也得到了高速的发展助力，并给化工新材料企业带来了新的发展机遇。

3.5 我国化工新材料技术产业化存在的问题

3.5.1 化工新材料技术产业化模式不成熟

当前，我国化工新材料技术产业的技术扩散主要依靠政府组建的非营利、服务性的科技中介机构。通过科技中介机构来加强科研机构与化工新材料企业的合作，促进技术、信息、人才、产品等在学术界和企业界的流动与共享。

这种模式主要存在以下问题：首先，政府作为主导部门，尚未依托科技中介机构建立完善的科研-企业资源和信息共享平台，导致科研机构研发的新材料技术与企业的需求脱节；其次，科技中介机构组织不健全、协调能力有限，导致在技术成果转让过程中科研机构与企业在利益分配方面具有较大分歧，阻碍了科技成果转化；最后，我国知识产权保护机制尚不完善，科研机构作为技术的持有者常常在技术转让过程中处于被动地位，在技术转让过程中也存有较大疑虑。

3.5.2 化工新材料自给率低

我国经济发展速度较快，但是起步较晚，与发达经济体相比，我国对化工新材料的资金投入不足，因此相对国外来说国内化工新材料的自给率比较低。近年来，由于原材料价格增长和环保观念增强，化工新材料的市场需求有很大的空间。

由于化工新材料的开发起步较晚，技术力量薄弱，受体制的制约，以及相当部分的化工新材料基本产品市场已经成熟，生产能力跟不上发展进度，所以目前国内呈现供不应求的局面，且产品的技术水平与国外相比还是差距较大。国内企业化工新材料产品规格品种有限，质量性能不高，原料、工艺水平和管理水平等方面与国外先进企业有着较大差距。

3.5.3 政府职能发挥存在问题

3.5.3.1 政策战略性、持续性不足，效果不佳

政府需要具备一套完整、全面的政策体系引导化工新材料技术产业化，因为制定推动技术产业化的政策是一项复杂而又综合性强的大工程，政府要有长远发展的眼光，结合各地经济发展实际情况，进行化工新材料技术产业化政策的合理规划与制定。化工新材料产业的生产投资和技术开发费用较高，技术难度和风险性也较大，需要加强宏观控制，进行合理布局，不宜分散重复布点。加大某些技术空白化工新材料产品的投入，重点攻关关键技术，才能迎头赶上国外发展。

3.5.3.2 政府专项的资金投入较少，融资渠道单一

化工新材料技术产业化需要政府积极发挥具体职能。一些企业的发展理念以及生产方式已经落后于社会经济发展需求，高耗能、高污染等特征与社会经济发展需求相悖。政府能够积极引导企业快速有效地研发、购买、应用新技术的重要因素是政府财政的支持，财政支持对化工新材料产业转型以及各地经济发展产生杠杆作用。部分化工新材料企业发展融资困难的原因是项目资金较少、企业信誉度不高等。部分中小型化工新材料企业自身信用不达标，是由于信用认识比较薄弱，信用观念比较落后，财务管理不够科学，进而出现资金短缺、财务报表不真实、银行审查不合格等问题。加之企业内部管理结构简单，缺少管理部门或者职能部门，导致发展举步维艰。金融危机后，国内化工新材料企业资本市场形势比较低迷，大笔资金在市场停滞，短时间内难以转移，导致市场投资风险大大增加，严重影响了化工新材料企业

的正常发展，政府的专项性资金目前也未被引导成为积极的融资渠道，仅仅局限在短期性、一次性的直接补贴层面，化工新材料企业的融资渠道得不到正确的引导和积极的丰富。

比如，近来我国环保政策要求逐步趋向于严格，政府通过行政强制手段、行政处罚措施推进节能减排目标的实现。很多地区政府的政策多倾向于单方面治理、关停高污染、高能耗项目，并没有同步考虑加大对绿色环保新材料产业的投资支持和政策鼓励，在环保治理上没有真正做到政府专项资金投入有进有出，很难实现既引导减少废弃物和环境有害物的排放又推动绿色可持续化工新材料产业发展的双赢目标。

3.5.4 科技人才队伍建设与创新不足

影响化工新材料企业的技术创新和长期发展的因素，主要是企业引入新技术、新设备很困难，以及短时间内很难获得经济效益使企业无法进行长远战略布局。我国化工新材料企业的增长模式大多是粗放式的，技术创新能力不占优势，依靠扩大生产要素投入量来增加产出，基础研发力量薄弱，研发人员数量较少、水平不高，在生产技术和规模上与发达经济体企业相比仍有不小差距。

目前，在化工新材料技术产业化过程中社会还不能形成完善的创新支持体系。化工新材料企业在实现新技术产业化过程中，需要对新技术产业化进行大量的实验测试和改进调整，对研发技术人员要求较高。制约化工新材料技术产业化的问题在于目前专业的技术研发人员更多的是留在高校和科研院所，企业大部分化工新材料领域的技术人员主要以生产型、技能型人才为主，缺乏对新技术的研发和转化应用的能力，对新技术的掌握程度、改进方案的恰当性上的不足，限制了化工新材料技术在企业和产业中的转化效率。

3.6   本章小结

本章首先从全球化工新材料产业发展现状进行分析，对全球国外化工新材料市场规模、产业化现状以及研发现状进行分析。国外化工新材料技术不断创新突破，化工产业正在进行新一轮的结构调整和升级；相比之下，我国高性能化工新材料产业化程度很低，高性能材料仍需大量进口。其次，分析了我国化工新材料产业发展环节与产业化发展现状，对我国化工新材料产业的 PEST 环境、行业环境以及产业技术研发现状进行分析。最后，提出我国化工新材料产业当前发展过程中存在的短板以及推进产业发展的方法路径。

分析得出，目前国外化工新材料产业呈现产业格局集中化，产业发展融合化，发展模式大型化、一体化，以及产品精细化的发展趋势。同时，国内化工新材料产业的发展也得到了大幅度的提升，但是与国外相比，国内的化工新材料产业在高性能化工材料和创新技术等方面仍然处于劣势。此外，我国化工新材料产业存在缺乏投资和投资盲目性等产业问题，阻碍了产业的发展，亟须对产业项目和新技术进行评价，并进一步推进产业化发展。

4 我国化工新材料技术产业化潜力评价

4.1 技术产业化潜力的评价目标与原则

4.1.1 技术产业化潜力指标设计的目标

实用的应用领域筛选标准能够推动技术在产业中发挥关键作用。由于缺乏明确的产业化导向，当前针对技术的理论研究较多，但实际应用领域中具备可操作性的筛选标准仍然匮乏。本书的研究目标是设计化工新材料技术产业化潜力指标体系，以产业化应用领域为单元，具体表现为设计可全面、客观衡量化工新材料技术产业化潜力的评价体系。

4.1.2 技术产业化潜力指标设计原则

参照国际科技委员会颁布的《科学技术成果鉴定方法》，综合前面对技术产业化潜力的概念、特征及影响主体分析，技术产业化潜力评价体系需要遵循以下原则：

（1）科学性原则。能否科学地决策一项科技活动，基本取决于是否可以科学地选取评价指标和规范评价流程。目前此体系的设计没有成熟的可供参考的模型，设计需要考虑产业化应用领域的决策要素，其中科学性和合理性尤为重要。

（2）系统性原则。若干个技术产业化影响因素互相作用才能形成综合技术产业化潜力评价指标体系。为了保证在具体某个应用领域产业化评价指标体系的系统性，通常需要涵盖技术所涉及的全部方面。

（3）可比性原则。评价指标体系需要在多维度对多个可选方案进行综合的评估，因此在技术产业化潜力的指标选择上，评价指标体系设计必须全面考虑技术指标的差异，对各产业化领域进行统计，保证各指标统计单位一致，以确定具备可比性。

（4）定性分析与定量分析相结合原则。技术产业化潜力不能完全使用定量处理，否则得出的结论会不够客观，所以首先需要将技术产业化潜力特性的指标进行定性化处理，根据定性化处理结果做定量评价。

（5）可操作性原则。应选择具有较强操作性的关键指标和综合指标来构建评价指标体系，来保证容易获取指标数据与指标的可观察性。各指标在考虑其评价的功能性的同时还需要考虑数据资料的可获得性，达到表述清晰、不产生操作歧义的目的。

4.2 技术产业化潜力的评价指标及依据

根据化工新材料技术产业化的发展环境分析，本书提出将化工新材料技术产业化潜力的评价归纳为五个方面：技术供给方、技术需求方、产业化条件、预期效益和外部环境（黄鲁成等，2010），如图 4-1 所示。

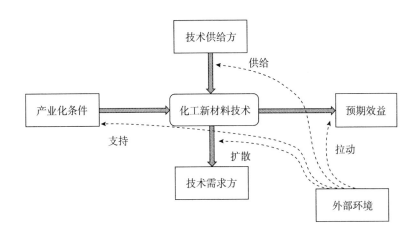

图4-1 化工新材料技术产业化潜力的评价因素

在图 4-1 中，实线箭头代表各因素对化工新材料技术从研发到产业化应用产生的直接影响，技术的供给方和需求方是化工新材料技术产业化的主体，供给方利用自身专业技术知识研发出具有产业化潜力、能够实现市场应用的化工新材料技术，以推动行业技术进步。技术需求方通过了解行业最新技术进展，及时引进符合自身需求和生产条件的新技术，并将新技术应用于新产品的研发生产，实现自身经济效益的提升和新技术的商业化推广。在此基础上，社会消费者通过购买应用新材料生产的新产品，产生的经济效益和社会效益进一步推动了化工新材料技术的产业化。化工新材料技术的产业化条件，包括专业人才、研发和生产设施、资金等因素，为化工新材料技术产业化提供了基础保障。由"外部环境"产生的虚线箭头代表的是化工新材料技术即将进入的行业情况、政府相关政策、社会认可度等外部环境对新技术的供给方、需求方、产业化条件产生影响。通过间接影响技术的预期效益，作用于化工新材料技术的产业化。通过对化工新材料技术产业化评价因素影响的分析，在遵循指标设计目标和设计原则的基础上，确定从上述五个方面设计化工新材料技术产业化潜力评价指标体系。

4.2.1 技术供给方指标

从技术本身的角度来看，技术的产业化潜力的考察方式主要是技术供给方指标，包括技术先进性、技术复杂度、技术通用性、技术成熟度（所处技术生命周期阶段）、应用领域的范围这五项指标（李艳梅等，2016；梅亮等，2021；Technology Futures Analysis Method Working Group，2004；戴和休梅克，2002；Zhou & Ren，2021；Wang & Li，2022）。

技术先进性考察的是技术的新颖性以及该项技术在相关领域的领先地位；技术复杂度考察的是该项新材料所涉及的专业知识的多少和深度；技术通用性考察的是该技术与现有的技术基础、技术体系、生产设备的兼容性；技术成熟度考察的是技术处于技术生命周期的成熟阶段；应用的领域范围是指基于新技术的特性考察其可选择应用场景的多少。

4.2.2 技术需求方指标

技术需求方指标包括消费观念及购买力、未来预期市场容量增长速度、产业需求度、竞争品数量与强度这四项指标。

消费观念及购买力考察的是新技术相关领域用户群体的消费意识和购买力；未来预期市场容量增长速度考察的是对新技术未来市场的预期容量；产业需求度考察的是新技术能否解决需求方的某项或多项明确的痛点；竞争品数量与强度是从竞争者的角度考察新技术进行后续研发和应用所面临的市场风险。

4.2.3 产业化条件指标

产业化条件是指所研究的技术实现大规模生产及应用的可能性，具体指标包括产业化技术保障、产业化基础设施、产业化资金条件和产业化人力资源（卢锡超，2009）。

产业化技术保障考察的是在应用领域应用推广时新技术与行业现有的主导技术是否协调；产业化基础设施考察的是新材料应用与该领域的基础配套设施是否完善；产业化资金条件考察的是是否有条件为新技术产业化提供必要的资金支持；产业化人力资源考察的是在该领域进行成果转化时新技术的管理人员和技术人员的素质是否符合标准。

4.2.4 预期效益指标

预期效益指标的主旨就是识别与分析产业化可能产生的预期经济、社会效益。用预期利润率和预期产业化规模来评估新技术成果转化应用后形成的生产力和带来的直接经济效益；创造就业机会大小和对基础研究的反哺性这两项指标是社会效益指标，考察的是新技术成果产业化给社会带来的溢出效应，如就业，以及对产业或企业结构调整的推动作用，提高基础研究实践性。

4.2.5 外部环境指标

外部环境指标主要考察的是新技术在进行成果转化时，是否符合国家和行业规定的科技创新政策、政策法规、产业管理规范、行业技术标准。同时化工新材料产业有着较为严格的环境监管标准，在国家提倡节能环保、绿色发展的背景下，新技术的产业化过程必须保证对生态系统和外部环境的友好，满足环境监管和能耗监管标准，才能真正实现一项新技术的成功转化。

4.3 技术产业化潜力评价的指标体系和评价方法

4.3.1 构建评价指标体系

本书结合化工新材料技术特征，依据评价指标体系架构的目标和原则，构建产业化潜力评价指标体系。技术产业化潜力指标体系包括 5 个一级指标及 21 个二级指标。本书设计的技术产业化潜力评价指标体系如表 4-1 所示。

表 4-1 技术产业化潜力评价指标体系

目标	一级指标	二级指标	量变解释
技术产业化潜力评价	技术供给方 T1	技术先进性 T11	考察化工新材料的新颖性及该项新材料在国内外相关领域所处的领先地位
		技术复杂度 T12	考察该项新材料所涉及的专业知识的多少和深度
		技术通用性 T13	考察新材料与现有的技术基础、技术体系、生产设备的兼容性
		技术成熟度 T14	新材料处于产品生命周期的成熟程度
		应用的领域范围 T15	基于新材料的特性考察其可选择应用场景的多少
	技术需求方 T2	产业需求度 T21	考察新材料能否解决需求方的某项或多项明确的痛点
		消费观念及购买力 T22	考察新材料相关领域用户群体的消费意识和购买力
		竞争品数量与强度 T23	从竞争者的角度考察新材料进行后续研发和应用所面临的市场风险
		未来预期市场容量增长速度 T24	考察对新材料未来市场的预期容量
	产业化条件 T3	产业化基础设施 T31	考察新材料应用于该领域的基础配套设施是否完善
		产业化人力资源 T32	考察新材料在该领域进行成果转化的管理人员和技术人员的素质是否符合该材料成果产业化在人力方面的要求

续表

目标	一级指标	二级指标	量变解释
技术产业化潜力评价	产业化条件 T3	产业化资金条件 T33	考察有无条件为新材料在相关领域产业化提供必备的资金支持，是否具有国家专项拨款或需要采用其他融资手段
		产业化技术保障 T34	考察新材料在应用领域应用推广时是否与行业或企业现有的技术水平、技术模式和现有的主导技术相协调
	预期效益 T4	预期产品利润率 T41	这两项指标从利润率和产业化规模，考察测量新材料成果转化应用后形成的生产力，为新材料的供给方、扩散方和应用方带来的直接经济效益
		预期产业化规模 T42	
		创造就业机会大小 T43	这两项指标是社会效益指标，考察新材料成果产业化给社会带来的溢出效应，如就业，以及对产业或企业结构调整的推动作用，提高基础研究实践性
		对基础研究的反哺性 T44	
	外部环境 T5	符合科技创新政策 T51	考察新材料应用于相关领域是否符合国家和行业的政策法规的各项要求，是否符合该领域的行业科技创新政策、发展方向的部署重点等
		符合行业技术标准 T52	考察新材料应用于相关领域是否达到行业技术标准和产业管理规范
		符合行业环境、能耗监管标准 T53	考察新材料技术在转化和应用于相关领域是否符合化工行业的环境和能耗监管标准
		符合生态和环境保护 T54	考察该新材料广泛推广及应用于相关领域时是否对生态系统和环境友好

在化工新材料技术产业化的评价中，评价指标的重要性依次为技术需求方、技术供给方、产业化条件、预期效益，这是符合客观规律的。因为化工新材料技术的开发和产业化过程中的不确定性较大，新技术的研发需要符合产业发展需求和技术发展趋势；获取新技术后，行业、经济社会和人文社会进一步对技术进行改进，这是一个动态发展的过程。政府通过发布新的科技政策对化工新材料技术的研发和应用产生干预引导，社会消费者通过反馈消费偏好对新技术进行间接的改进和塑造。一项创新性的化工新材料技术有可能会改变现有的化工产业格局，衍生出一个全新产业，所以对当前产业的生

产要素资源和条件的需求及依赖性较小。一项全新的化工新材料技术也许短期内不会产生明显的正向效益，但长期来看，将会对经济社会和人文社会产生更多的无形效益和社会效益。由此，以上化工新材料技术产业化潜力的评价指标体系能够体现技术评价指标的科学性、系统性等设计原则。

4.3.2　模糊综合评价方法

在各种各样的方案中进行比较、判断、评价并做出决策的过程中，主观因素具有较大的影响，给此过程用数学方法解决问题带来不便。本书采用模糊综合评价法对化工新材料技术产业化潜力进行评价。模糊综合评价法是一种基于模糊数学的综合评价方法。

4.3.2.1　确定评价指标的权重

采用专家打分法和层次分析法结合来确定评价指标体系中不同指标的权重。向相关化工新材料技术研发、技术评价和经济管理领域的 10 位专家发放调查问卷，选用九点标度方法进行评价指标重要性判断，如表 4-2 所示。

表 4-2　九点标度法判断矩阵标度含义

标度值	含义
$a_{ij} = 1$	i 与 j 相比，具有同等重要性
$a_{ij} = 3$	i 与 j 相比，一个比另一个稍微重要
$a_{ij} = 5$	i 与 j 相比，一个比另一个明显重要
$a_{ij} = 7$	i 与 j 相比，一个比另一个十分重要
$a_{ij} = 9$	i 与 j 相比，一个比另一个极端重要
$a_{ij} = 2, 4, 6, 8$	i 与 j 重要性比较判断中值
a_{ij}	i 与 j 相比的重要性

层次分析法基本不需要定量的信息或者只需要很少量的信息，只要决策者能够清晰地把握决策目标、准则和方案之间的逻辑关系，就能对最终目标

进行定量分析和决策。

（1）构建体系矩阵。

确定具体的评价指标体系后就需要建立评价判断矩阵，需要采纳相关专家的建议。本书采用调查问卷的方式向 10 位专家征集意见。为了保证数据的全面性和权威性，此次参加问卷调查的专家主要涵盖以下三类：①参与技术研究或类似相关技术研究的技术研发专家；②参与技术评价或类似相关技术评价的技术评价专家；③从事经济管理研究的专家。在构建了层次评级体系后，采用层次分析法来确定每个因素的重要程度（张吉军，2000）。

根据指标体系和标度方法，将专家意见进行综合归类分析，确定建立评价指标体系判断矩阵，以目标层 B_T 和一级指标 B_{T1} 为例（张亚青等，2021）：

$$B_T = \begin{bmatrix} T_1/T_1 & T_1/T_2 & T_1/T_3 & T_1/T_4 & T_1/T_5 \\ T_2/T_1 & T_2/T_2 & T_2/T_3 & T_2/T_4 & T_2/T_5 \\ T_3/T_1 & T_3/T_2 & T_3/T_3 & T_3/T_4 & T_3/T_5 \\ T_4/T_1 & T_4/T_2 & T_4/T_3 & T_4/T_4 & T_4/T_5 \\ T_5/T_1 & T_5/T_2 & T_5/T_3 & T_5/T_4 & T_5/T_5 \end{bmatrix} \tag{4.1}$$

$$B_{T1} = \begin{bmatrix} T_{11}/T_{11} & T_{11}/T_{12} & T_{11}/T_{13} & T_{11}/T_{14} & T_{11}/T_{15} \\ T_{12}/T_{11} & T_{12}/T_{12} & T_{12}/T_{13} & T_{12}/T_{14} & T_{12}/T_{15} \\ T_{13}/T_{11} & T_{13}/T_{12} & T_{13}/T_{13} & T_{13}/T_{14} & T_{13}/T_{15} \\ T_{14}/T_{11} & T_{14}/T_{12} & T_{14}/T_{13} & T_{14}/T_{14} & T_{14}/T_{15} \\ T_{15}/T_{11} & T_{15}/T_{12} & T_{15}/T_{13} & T_{15}/T_{14} & T_{15}/T_{15} \end{bmatrix} \tag{4.2}$$

（2）计算评价指标权重。

构建判断矩阵是确定权重大小的关键。通过已构建的判断矩阵，计算及获取相关要素重要性的分值。

本书建立了一致性检验标准 CI 和 RI，通过最大特征根 λ_{max} 和矩阵阶数值是否一致便可以更好地判断矩阵 B 与一致性存在多大的偏离程度（王鸣涛和叶春明，2019）。

以目标层矩阵 B_T 为例，再求出指标判断矩阵：

$$B_T = [a_{ij}]_{n \times n} \tag{4.3}$$

进一步求值步骤如下：

根据归一化处理 B_T 矩阵的所有元素：

$$a_{ij'} = \frac{a_{ij}}{\sum_{k=1}^{n} a_{ij}} \tag{4.4}$$

对归一化之后的各个要素按照行进行求和：

$$a'_i = \sum_{j=1}^{n} a_{ij'} \tag{4.5}$$

再归一化处理求和之后的向量：

$$a''_i = \frac{a'_i}{\sum_{i=1}^{n} a'_i} \tag{4.6}$$

进而求出矩阵形式，即矩阵向量：

$$W_B = (a''_i) \tag{4.7}$$

（3）一致性检验。

检验矩阵一致性的公式：

$$CI = \frac{\lambda_{max} - n}{n - 1} \tag{4.8}$$

$$RI = \frac{CI_1 + CI_2 + \cdots + CI_n}{n} \tag{4.9}$$

具体步骤如下：

按照特征根的定义，求得判断矩阵的各个特征根，可以得到一个最大特征根的值；最后根据矩阵的相关理论，建立一致性评价指标。最终得到判断矩阵一致性的指标公式就是公式（4.10）。

一致性比率 CR 是由平均随机一致性指标 RI 和 CI 的值来计算的。平均随机一致性检验标准值如表 4-3 所示。

表4-3　平均随机一致性检验标准值表

n	1	2	3	4	5	6	7	8	9	10
RI	0	0	0.58	0.90	1.12	1.24	1.32	1.41	1.45	1.49

当 $n>2$ 时，对 CI 和 RI 值进行比较，从而求得 CR 值，公式为：

$$CR = \frac{CI}{RI} \qquad (4.10)$$

4.3.2.2　指标体系评价

（1）确定评语集。

设 $V = \{V_1, V_2, \cdots, V_m\}$ 为 m 种评语（等级），称为评语集。本书采用模糊数学五分制计分法给出评语集：

$V = \{V_1, V_2, V_3, V_4, V_5\} = \{$潜力大，潜力较大，一般，潜力较小，无潜力$\}$

（2）建立模糊关系矩阵 R。

B_i 到 V 的一个模糊映射 f 就是对每一个因素 T_i 单独做出的一个评价 $f(B_i)$，由模糊映射 f 可以诱导出 B_i 到 V 的一个模糊综合关系 R_i，又可以在模糊综合关系 R_i 的基础上诱导出 X 到 Y 的一级指标的模糊线性变换 U_i，其中 $U_i = B_i \times R_i$。

$$R_i = \begin{bmatrix} r_{11} & \cdots & r_{1n} \\ \vdots & \ddots & \vdots \\ r_{m1} & \cdots & r_{mm} \end{bmatrix} \qquad (4.11)$$

$$r_i = (r_{i1}, r_{i2}, \cdots, r_{im}) \qquad (4.12)$$

式 4.12 中，r_{ij} 表示从一个因素 B_i 来看被评价对象对等级模糊子集 V_i 的隶属度，通过模糊矢量 r_i 来刻画被评价对象在因素 B_i 方面的表现，因素集 B_i 和评价集 V 之间的一种模糊关系就是单一因素评价矩阵 r_i（郭金玉等，2008）。

（3）多指标综合评价。

将模糊权矢量 B 与模糊关系矩阵 R 合成需要使用合适的模糊合成算子，继而得到被评价对象的模糊综合评价结果矢量 $U(u_1, u_2, \cdots, u_n)$，被评价对象从整体上看对评价等级模糊子集 V_j 的隶属程度使用 u_j 表示。

$$U = B \times R = (a_1, a_2, \cdots, a_m) \times \begin{bmatrix} r_{11} & \cdots & r_{1n} \\ \vdots & \ddots & \vdots \\ r_{m1} & \cdots & r_{mn} \end{bmatrix} = (u_1, u_2, \cdots, u_n)$$

本书继续对模糊综合评价矢量 U 进行处理，使用的是加权求和原则，评语集各等级由"1，2，…，m"等连续数字来表示，对此进行秩加权求和，就可得到被评价对象的相对位置，这就是进行定量评价。

$$A = \sum_{j=1}^{m} u_j \times j \tag{4.13}$$

4.4 技术产业化潜力评价体系的应用

4.4.1 大豆基生物质材料技术的发展现状

大豆蛋白除了在传统食品领域的应用之外，在其他领域的研究中也有诸多应用成果，如大豆蛋白基胶黏剂的研究相对较成熟，在木材工业领域已经实现了部分大豆蛋白基胶黏剂的应用。大豆蕴含丰富的资源，加快大豆加工产品的产业重点从饲料和食品等粗加工向高附加值应用领域的生物质材料发展，未来的市场前景十分广阔。

我国 2019 年的人造板总产量已突破 6.0 亿立方米，是名副其实的人造板生产大国。制造人造板必须使用木材胶黏剂，常用的是甲醛树脂合成的"甲醛基胶黏剂"。它不仅以不可再生的石化资源为原料，而且会释放有害物质，所以应该加强对胶黏剂材料的研究。美国和日本等国家（地区）为控制人造板的游离甲醛释放量相继出台了一系列的法律法规，我国也越来越重视环保胶黏剂的开发。在众多可再生生物质原料中，大豆蛋白是制备木材胶黏剂的理想原料之一，拥有着可再生、资源丰富和价格低廉等优势。大豆蛋白基胶黏剂胶合强度虽然较高，但湿态胶合强度就比较低，大豆蛋白基胶黏剂在人造板上实际的应用需求无法完全满足。大豆蛋白基胶黏剂若是想耐水性优良，固化后就需要形成牢固的共价键与木材界面结合（吴志刚和雷洪，2015）。

目前，制约大豆蛋白基胶黏剂产业化应用的原因就是耐水性差与工艺特性差，仅仅在层状胶接单元的人造板如胶合板和细木工板等中被研究利用，碎料型胶接单元的人造板如刨花板和纤维板等暂时还未开始研究使用。

4.4.2　大豆蛋白在木材胶黏剂领域的发展现状

根据中国林产工业协会数据显示，2005 年我国人造板产量是 1503 万平方米，2019 年已经增长到 6.87 亿平方米，年复合增长率为 20.24%；其中，2009—2016 年我国人造板产量呈现快速增长。2016 年，全国人造板产量首次突破 3.00 亿立方米，达到 3.0042 亿立方米，比 2015 年增长 4.7%，但是产量增速还是持续放缓；产值比 2015 年增长 7.4%，约 6484 亿元。2017 年，人造板产值超过 4500 亿元，而中国木材胶黏剂市场产值也达到 450 亿元。人造板还支撑着家具、地板和门业，直接从业人数超过 1000 万，整个产业链规模超过 1.5 万亿元（李萌萌等，2021）。

目前，人造板胶黏剂主要是不可再生的石化原料生产的醛类胶（王璇等，2017），基于材料可再生和环保的需求，大豆蛋白基胶黏剂逐渐受到重视。大豆蛋白胶具有以下优点：①原料可再生且易于处理；②绿色环保，可降解、无毒无污染；③冷压、热压工艺均适用（陈奶荣等，2012）。

已有的利用大豆基为材料的胶黏剂的公开专利，主要是对大豆蛋白制备木材胶黏剂的研究，因为大豆蛋白质大分子中含有羟基、氨基、巯基等活性反应基团，通过改性可以大幅提升大豆蛋白基胶黏剂的性能。对大豆蛋白改性作为原材料的胶黏剂已然成为一种趋势。胶黏剂的原料主要有脱脂大豆粉、大豆分离蛋白等脱脂豆粉和大豆蛋白，一般直接使用油脂加工副产物作为大豆蛋白基胶黏剂的原料（唐蔚波等，2008）。

大豆基胶黏剂适用于木材加工领域，是因为它具有环保无污染、胶合强度高等特点。随着天然优质木材资源的锐减，利用速生材、小径材、间伐材、低质材以及非木质植物纤维原料，通过胶合技术制造人造板是解决木质材料供给问题的有效途径。目前，人造板材主要可以分为胶合板、刨花板、纤维板、细木工板等，胶合板、刨花板和纤维板产品是其中重要的三大类，占八成以上，由它们产生的延伸产品和深加工产品可以达到上百种，在日常生活中的运用最为广泛。

国内外对大豆蛋白基胶黏剂的研究一直毫不松懈，研究内容也逐步推进，目前，大豆蛋白基胶黏剂改性后的性能已大幅提高，对人造板行业的发展也十分有益。大豆蛋白基胶黏剂应用也不是毫无限制因素的，其主要限制因素是大豆分离蛋白的生产成本，大豆粉或豆粕的成本较低，但是在胶合强度和耐水性能等功能特性方面远远不如大豆分离蛋白基的胶黏剂。此外，大豆基胶黏剂的流动性差、防腐蚀性差，固化过程中所需温度、时间都比其他胶黏剂高、长，以上缺点都限制了大豆基胶黏剂大规模工业化的发展。综上所述，需要研究使用更好的方法对大豆基胶黏剂性能进行改进，努力开发使用大豆粉或豆粕等廉价原料并具有高性能的胶黏剂（闫高阳，2021）。

考虑到大豆蛋白基胶黏剂技术的应用前景和研究价值，本书选择此技术作为技术产业化潜力评价的案例进行评价分析。

通过前文对化工新材料技术产业化潜力评价方法的研究，后文将对大豆蛋白基胶黏剂技术的产业化潜力进行评价。

4.4.3　大豆蛋白基胶黏剂技术评价指标体系

本书结合化工新材料技术特征，依据评价指标体系架构的目标和原则，以大豆蛋白基胶黏剂技术为研究目标，构建产业化潜力评价指标体系。技术产业化潜力指标体系有 5 个一级指标，包括技术供给方、技术需求方、产业化条件、预期效益和外部环境，以及技术先进性、产业需求度、产业化基础设施等 21 个二级指标。本书设计的大豆蛋白基胶黏剂技术产业化潜力评价指标结构如表 4-4 所示。

表 4-4　大豆蛋白基胶黏剂技术产业化潜力评价指标体系

目标	一级指标	二级指标	变量解释
技术产业化潜力评价	技术供给方 T1	技术先进性 T11	考察大豆蛋白基胶黏剂技术的新颖性及该项新材料技术在国内外相关领域所处的领先地位
		技术复杂度 T12	考察大豆蛋白基胶黏剂技术所涉及的专业知识的多少和深度
		技术通用性 T13	考察大豆蛋白基胶黏剂技术与现有的技术基础、技术体系、生产设备的兼容性
		技术成熟度 T14	指大豆蛋白基胶黏剂技术处于产品生命周期的成熟程度
		应用领域的范围 T15	基于大豆蛋白基胶黏剂技术的特性考察其可选择的应用场景
	技术需求方 T2	产业需求度 T21	考察大豆蛋白基胶黏剂技术能否解决需求方的某项或多项明确的痛点
		消费观念及购买力 T22	考察大豆蛋白基胶黏剂技术相关领域用户群体的消费意识和购买力

续表

目标	一级指标	二级指标	变量解释
技术产业化潜力评价	技术需求方 T2	竞争品数量与强度 T23	从竞争者的角度考察大豆蛋白基胶黏剂技术进行后续研发和应用所面临的市场风险
		未来预期市场容量增长速度 T24	考察对大豆蛋白基胶黏剂技术未来市场的预期容量
	产业化条件 T3	产业化基础设施 T31	考察大豆蛋白胶黏剂技术应用于该领域的基础配套设施是否完善
		产业化人力资源 T32	考察大豆蛋白基胶黏剂技术在应用领域进行成果转化的管理人员和技术人员的素质是否符合该材料成果产业化在人力方面的要求
		产业化资金条件 T33	考察有无条件为大豆蛋白基胶黏剂技术在应用领域产业化提供必要的资金支持,是否有国家专项拨款或需要采用其他融资手段
		产业化技术保障 T34	考察大豆蛋白基胶黏剂技术在应用推广时是否与行业或企业现有的技术水平、技术模式和现有的主导技术相协调
	预期效益 T4	预期产品利润率 T41	这两项指标从利润率和产业化规模,考察测量大豆蛋白基胶黏剂技术成果转化应用后形成的生产力,为新材料的供给方、扩散方及应用带来直接的经济效益
		预期产业化规模 T42	
		创造就业机会大小 T43	这两项指标是社会效益指标,考察大豆蛋白基胶黏剂技术成果产业化给社会带来的溢出效应,如就业,以及对产业或企业结构调整的推动作用,提高基础研究实践性
		对基础研究的反哺性 T44	
	外部环境 T5	符合科技创新政策 T51	考察大豆蛋白基胶黏剂技术应用于相关领域是否符合国家和行业的政策法规的各项要求,是否符合生物基材料的行业科技创新政策、发展方向的部署重点等
		符合行业技术标准 T52	考察大豆蛋白基胶黏剂技术应用于相关领域是否达到行业技术标准和产业管理规范
		符合行业环境、能耗监管标准 T53	考察大豆蛋白基胶黏技术在转化和应用于相关领域是否符合化工行业的环境和能耗监管标准
		符合生态和环境保护 T54	考察该新材料广泛推广及应用于相关领域时是否对生态系统和环境友好

根据判断矩阵公式，对专家意见结果归类构建判断矩阵，具体如表 4-5 至表 4-10 所示。

表 4-5　一级指标判断矩阵

	技术供给方 T1	技术需求方 T2	产业化条件 T3	预期效益 T4	外部环境 T5
技术供给方 T1	1	1/5	1/6	2	1/3
技术需求方 T2	5	1	4	9	6
产业化条件 T3	6	1/4	1	6	2
预期效益 T4	1/2	1/9	1/6	1	1
外部环境 T5	3	1/6	1/2	1	1

表 4-6　技术供给方 T1 判断矩阵

	技术先进性 T11	技术复杂度 T12	技术通用性 T13	技术成熟度 T14	应用的领域范围 T15
技术先进性 T11	1	1	2	2	2/5
技术复杂度 T12	1	1	1	1	3
技术通用性 T13	1/2	1	1	1	2
技术成熟度 T14	1/2	1	1	1	1/4
应用的领域范围 T15	2	1	1	2	1

表 4-7　技术需求方 T2 判断矩阵

	产业需求度 T21	消费观念及购买力 T22	竞争品数量与强度 T23	未来预期市场容量增长速度 T24
产业需求度 T21	1	1	1	1
消费观念及购买力 T22	1	1	1	1
竞争品数量与强度 T23	1	1	1	2
未来预期市场容量增长速度 T24	1	1	1/2	1

表 4-8　产业化条件 T3 判断矩阵

	产业化基础条件 T31	产业化人力资源 T32	产业化资金条件 T33	产业化技术保障 T34
产业化基础条件 T31	1	1	1	1
产业化人力资源 T32	1	1	1	2

	产业化基础 条件 T31	产业化人力 资源 T32	产业化资金 条件 T33	产业化技术 保障 T34
产业化资金条件 T33	1	1	1	1
产业化技术保障 T34	1	1/2	1	1

表 4-9 预期效益 T4 判断矩阵

	预期产品 利润率 T41	预期产业化 规模 T42	创造就业机会 大小 T43	对基础研究的 反哺性 T44
预期产品利润率 T41	1	1	2	1
预期产业化规模 T42	1	1	1	1
创造就业机会大小 T43	1/2	1	1	2
对基础研究的反哺性 T44	1	1	1/2	1

表 4-10 外部环境 T5 判断矩阵

	符合科技创新 政策 T51	符合行业技术 标准 T52	符合行业环境、 能耗、监管标准 T53	符合生态和 环境保护 T54
符合科技创新政策 T51	1	1	2	1
符合行业技术标准 T52	1	1	2	1
符合行业环境、 能耗、监管标准 T53	1/2	1/2	1	2
符合生态和环境保护 T54	1	1	1/2	1

检验其一致性 $B_T = \begin{bmatrix} 1 & 1/5 & 1/6 & 2 & 1/3 \\ 5 & 1 & 4 & 9 & 6 \\ 6 & 1/4 & 1 & 6 & 2 \\ 1/2 & 1/9 & 1/6 & 1 & 1 \\ 3 & 1/6 & 1/2 & 1 & 1 \end{bmatrix}$。

前文计算出该矩阵的最大特征值 $\lambda_{max} = 5.4213$，计算 $CI = \dfrac{\lambda_{max} - n}{n-1} = \dfrac{5.4213 - 5}{5 - 1} = 0.1053$。从表 4-11 中可知，5 阶矩阵所对应的平均随机一致性指

标 RI 值为 1.12，则 $CR=\dfrac{CI}{RI}=\dfrac{0.1053}{1.12}=0.0940$，$CR<0.1$，因此 B_T 判断矩阵通过一致性检验。其他矩阵的一致性检验以此类推，详细结果如表 4-11。

表 4-11 评价指标一致性检验结果

一级指标	CR 值	二级指标	CR 值
技术供给方 T1	CR＝0.0940，CR 值小于 0.1，证明该判断矩阵满足一致性检验	技术先进性 T11	CR＝0.0224，CR 值小于 0.01，证明该判断矩阵满足一致性检验
		技术复杂度 T12	
		技术通用性 T13	
		技术成熟度 T14	
		应用的领域范围 T15	
技术需求方 T2		产业需求度 T21	CR＝0.0225，CR 值小于 0.1，证明该判断矩阵满足一致性检验
		消费观念及购买力 T22	
		竞争品数量与强度 T23	
		未来预期市场容量增长速度 T24	
产业化条件 T3		产业化基础条件 T31	CR＝0.0225，CR 值小于 0.1，证明该判断矩阵满足一致性检验
		产业化人力资源 T32	
		产业化资金条件 T33	
		产业化技术保障 T34	
预期效益 T4		预期产品利润率 T41	CR＝0.0463，CR 值小于 0.1，证明该矩阵满足一致性检验
		预期产业化规模 T42	
		创造就业机会大小 T43	
		对基础研究的反哺性 T44	
外部环境 T5		符合科技创新政策 T51	CR＝0.0934，CR 值小于 0.1，证明该判断矩阵满足一致性检验
		符合行业技术标准 T52	
		符合行业环境、能耗、监管标准 T53	
		符合生态和环境保护 T54	

4.4.3.1 确定评语集

设 $V=\{V_1, V_2, \cdots, V_m\}$ 为 m 种评语（等级），是评价者对被评价对象

可能做出的各种评价结果组成的评语等级的集合，被称为评语集。一般评价结果划分为3~5个等级（冯秀珍等，20111）。本书采用模糊数学五分制计分法给出评语集：$V = \{V_1, V_2, V_3, V_4, V_5\} = \{$潜力大，潜力较大，一般，潜力较小，无潜力$\}$。

4.4.3.2 建立模糊关系矩阵 R

从单个因素出发单独进行评价，判断评价对象对评价集合 V 的隶属度。B_i 到 V 的一个模糊映射 f 就是对每一个因素 T_i 单独做出的一个评价 $f(B_i)$，由模糊映射 f 可以诱导出 B_i 到 V 的一个模糊综合关系 R_i，又可以在模糊综合关系 R_i 的基础上诱导出 X 到 Y 的一级指标的模糊线性变换 U_i，其中 $U_i = B_i \times R_i$。

$$R_i = \begin{bmatrix} r_{11} & \cdots & r_{1n} \\ \vdots & \ddots & \vdots \\ r_{m1} & \cdots & r_{mm} \end{bmatrix} \tag{4.14}$$

$$r_i = (r_{i1}, r_{i2}, \cdots, r_{im}) \tag{4.15}$$

式4.14中，r_{ij} 表示从一个因素 B_i 来看被评价对象对等级模糊子集 V_i 的隶属度，通过模糊矢量 r_i 来刻画被评价对象在因素 B_i 方面的表现。r_i 成为单因素评价矩阵，是因素集 B_i 和评价集 V 之间的一种模糊关系（郑鹰和韩朔，2018）。

4.4.3.3 多指标综合评价

$$U = B \times R = (T_1, T_2, \cdots, T_m) \times \begin{bmatrix} r_{11} & \cdots & r_{1n} \\ \vdots & \ddots & \vdots \\ r_{m1} & \cdots & r_{mn} \end{bmatrix}$$

$$= (u_1, u_2, \cdots, u_n) \tag{4.16}$$

根据二级指标模糊关系矩阵，进行单因素模糊评价。

$$U_1 = B_1 \times R_1 = (0.1823, \ 0.3212, \ 0.1375, \ 0.3598, \ 0.2401) \times R_1$$
$$= (0.3152, \ 0.2975, \ 0.2207, \ 0.1506, \ 0.161)$$

$$U_2 = B_2 \times R_2 = (0.1314, \ 0.1896, \ 0.1810, \ 0.2573) \times R_2$$
$$= (0.1647, \ 0.2469, \ 0.5211, \ 0.0673, \ 0.0000)$$

$$U_3 = B_3 \times R_3 = (0.1811, \ 0.1699, \ 0.2871, \ 0.3617) \times R_3$$
$$= (0.0000, \ 0.9820, \ 0.0180, \ 0.0000, \ 0.0000)$$

$$U_4 = B_4 \times R_4 = (0.2521, \ 0.3678, \ 0.3773, \ 0.1583) \times R_4$$
$$= (0.1688, \ 0.0375, \ 0.0000, \ 0.0000)$$

$$U_5 = B_5 \times R_5 = (0.1425, \ 0.3156, \ 0.2231, \ 0.1578) \times R_5$$
$$= (0.5051, \ 0.3340, \ 0.1448, \ 0.0161, \ 0.0000)$$

单因素模糊评价结果显示,该技术从技术供给方、产业化条件、预期效益和外部环境来看,预期效益指标最优,其次是外部环境指标,技术供给方和产业化条件指标次之。该技术产业化基础和研发资源支撑雄厚,使用粮食大豆环境友好型原料,符合国家科技环保政策导向。但该技术从技术需求方指标来看,产业化潜力相对较弱,是由于受到房地产影响,该技术的产业需求度下降,同时市场中竞争品数量较多,竞争强度较大。

根据单因素模糊评价结果,得到一级模糊矩阵:

$$R = \begin{bmatrix} U_1 \\ U_2 \\ U_3 \\ U_4 \\ U_5 \end{bmatrix} = \begin{bmatrix} 0.3200, & 0.2975, & 0.2207, & 0.1506, & 0.0161 \\ 0.1647, & 0.2469, & 0.5211, & 0.0673, & 0.0000 \\ 0.0000, & 0.9820, & 0.0180, & 0.0000, & 0.0000 \\ 0.7938, & 0.1688, & 0.0375, & 0.0000, & 0.0000 \\ 0.5051, & 0.3340, & 0.1448, & 0.0161, & 0.0000 \end{bmatrix}$$

$$U = B \times R = (0.0693, \ 0.5283, \ 0.2425, \ 0.0549, \ 0.1050) \times R$$
$$= (0.3782, \ 0.3486, \ 0.2053, \ 0.0627, \ 0.0050)$$

对以上评价结果综合分析，该技术对 $V=\{$潜力大，潜力较大，一般，潜力较小，无潜力$\}$ 的隶属度分别为 0.3782、0.3486、0.2053、0.0627 和 0.0050。对评语集进行赋分 $V=\{V_1,\ V_2,\ V_3,\ V_4,\ V_5\}=\{5,\ 4,\ 3,\ 2,\ 1\}$，得到大豆蛋白基胶黏剂技术的评价分值为：

$$0.3782\times5+0.3486\times4+0.2053\times3+0.0627\times2+0.0050\times1=4.0317$$

大豆蛋白基胶黏剂技术产业化潜力评价结果为"潜力较大"。结合单因素模糊评价结果来看，该技术在技术供给方、预期效益、产业化条件和外部环境四个方面均具有较好的产业化优势，产业化潜力较大。

4.5 本章小结

本章主要内容是化工新材料技术产业化潜力评价体系的构建。本章首先设计化工新材料技术产业化评价基础，并列出影响化工新材料行业产业化的评估指标；通过专家打分法和层次分析法确定了每个评价指标的权重，再通过模糊综合评价法，根据评价指标权重对评价指标体系进行打分。

在此基础上选取大豆蛋白基胶黏剂技术作为化工新材料技术产业化潜力评价案例分析的评价对象，首先，从大豆基生物质材料的开发现状、大豆蛋白在木材胶黏剂领域的应用研究和应用现状进行概述。其次，大豆蛋白基胶黏剂技术作为应用型化工新材料技术，具有其发展前景和应用潜力，因此将其作为案例分析对象，通过运用前文已提及的指标体系和数据测算方法，将10 位相关领域专家的打分数据进行处理测算。结果显示，大豆蛋白基胶黏剂技术具有良好的产业化潜力。

5 化工新材料技术协同扩散机理分析与实证检验

5.1 化工新材料技术的存在形态

5.1.1 技术的知识本质分析

"技术"一词意为技术手段、技术产品和技术实践。目前，人们已认识技术的知识本质内涵，也意识到技术知识和科学知识存在差异，但两者的知识信息是在进行相互流动的（肖灵机等，2016）。一项技术的产生首先是科学知识的实质转化，从理论知识转化为可操作的技术知识，此时的技术具备了一定的可操作性；之后在操作过程中会出现各种状况和问题，此时需要再一次从科学知识中寻找答案。技术知识在操作过程中不断完善和创新，产生的新知识又可以补充原有的科学知识体系，以便进行新的技术创新。由此，科学知识和技术知识是相互支持、相互补充的两种知识体系。

5.1.2 化工新材料技术的知识结构

作为创造新形态的化工新材料技术，是技术研发成果延伸到化工产业的显性状态，是为了创造新型材料，提高化工材料性能，推动制造、信息等产业的发展而研发的新技术。但是化工新材料技术是实验化的技术，不能直接应用于生产，需要进行转化和熟化，才能达到产业层面。从技术内部来看，化工新材料技术是体系化的技术，即核心创新技术是化工新材料技术的中心。

对化工新材料技术知识进行分类，按照技术构成可分为产业共性技术和产业专有技术（何丽敏等，2021），如图5-1所示。每一类技术都是由不同的实体知识和抽象知识组成的。

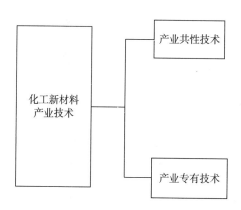

图5-1 化工新材料产业技术知识结构

化工新材料产业共性技术是指通用、基础的技术，在化工产业和其他众多领域已经或者未来会被普遍应用。应用共性技术进行研发创新的技术成果较多，对产业发展和经济社会产生深远的影响。共性技术作为基础性技术，在提升产业生产效率和加快产业技术研发创新水平方面有决定性影响。产业共性技术的竞争性体现在产业发展初级阶段，共性技术的研发主要目的是将基础性的理论知识实体化，用于产业的基础生产或者提高产业生产力，同时为将来的技术创新和产品创新方面的研发提供支撑，如高温复合增强技术、功能性技术及装备和涂覆技术及设备等（Zahran & Jaber，2017）。

化工新材料产业专有技术是带有产业标志性的技术，是产业存在的基础和发展的推动力。产业专有技术更多的是应用于产业学科的专有知识进行研究，需要根据产业需求进行特定的实验创新，以便技术研发成功后能够满足化工产业发展的需求。

5.2　化工新材料技术协同扩散网络

5.2.1　化工新材料技术协同扩散的实现过程

一项新技术对经济社会的影响是有限的，只有该技术在企业中得到扩散应用，生产出新的产品后，才能从推动企业发展到推动产业发展，进而推动社会整体的发展，如此，新技术才能发挥更大的价值。技术产业化指的是新技术的研发，通过企业应用进行扩散，在规模发展的持续性过程中，化工新材料产业技术水平得以创新和提升。

化工新材料技术主要通过模仿扩散、融入扩散和再创新扩散实现产业化，可以结合图 5-2 进行分析。

产业技术的扩散不仅仅是通过某一种扩散方式，更常见的是通过两种或者三种扩散方式同时进行扩散、应用（Das，2022）。这种情形下的技术扩散和产业化过程具有不确定性，不仅与被扩散技术本身相关，也与技术扩散的环境相关。

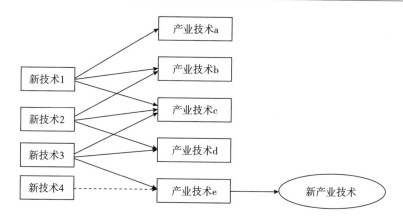

图5-2 化工新材料技术产业化过程

技术本质上是知识，在技术产业化的过程中实现了实验室技术到产业技术的转化。所以从知识的角度来讲，技术产业化过程就是实现"知识整合"的过程，是将新知识整合融入化工产业现有的知识体系，形成连贯统一的新的知识体系，通过生产出新的产品来体现新知识的价值。这种"知识整合"的过程需要各种知识之间有十分充足的匹配度才能实现相互之间的契合。从产业技术角度来看，"知识整合"过程中需要有外在的力量将分散的知识按照特定的方式和特定的需求进行组合，这种力量就是技术扩散过程中各相关主体之间相互协作、相互配合产生的作用力。在这种作用力的推动下，整个技术扩散过程会形成"整体作用大于各要素作用之和"的系统性影响（张乐等，2021）。

从知识的层面来看，技术产业化的扩散过程就是知识进行创新的过程，在技术扩散过程中会产生新的知识，也就是再创新扩散过程（张秀武和林春鸿，2014）。技术扩散过程是将新知识体系和已有知识体系进行融合，重构出全新的知识体系。由此可见，技术扩散过程的目的是传递新的知识体系，而扩散行为本身又会产生一种新的知识体系。

5.2.2 化工新材料技术协同扩散的知识网络系统

化工新材料技术产业化协同扩散的知识体系是通过以生产资料为载体、由参与主体组成的复杂技术扩散体系，技术协同扩散知识体系如图 5-3 所示。

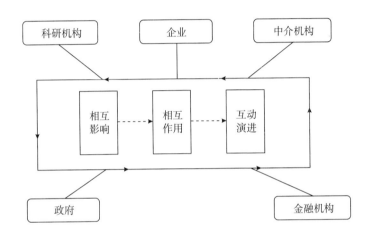

图5-3 化工新材料技术协同扩散知识体系

化工新材料技术产业化协同扩散过程中所涉及的参与主体不仅指技术的供给方和技术的需求方，也包括技术中介服务机构、提供资金支持的金融机构和提供政策保障的政府。这些主体相互作用，共同筑造了技术扩散的通道和良好的产业环境，顺利实现技术扩散过程。

5.2.2.1 化工新材料技术协同扩散知识体系中的参与主体

化工新材料技术是否能够顺利进行协同扩散主要依赖于扩散体系中的参与主体（重点是化工企业）已经存在的知识体系能否与即将扩散的技术知识相融合。知识体系主要包括实体知识和抽象知识。实体知识主要体现在化工企业的材料制造设备，抽象知识则体现在专业技术人员在工作过程中掌握的专业知识以及特定的工作流程，这两个方面的知识构成了化工新材料技术协同扩散的环境基础（Wei et al.，2019）。一项新材料技术知识是否能够顺利地并入化工企业，关键因素在于该项技术中所含知识是否能够与化工企业原有的技术和知识体系相匹配，以及是否能够完成知识的重组，形成新的知识体系。化工企业已有的知识体系对新技术扩散的影响具有两面性，产生正面影响还是负面影响取决于新技术知识和原有技术知识之间是匹配还是冲突。如果新技术知识能够与化工企业现有的技术知识体系有良好的融合，就可以加快新技术知识的扩散速度；反之，如果新旧技术知识体系之间存在冲突，不能融合，将会导致新的技术知识遭到原有技术知识体系的排斥，极有可能会导致扩散受阻甚至失败，此时便需要外部力量进行强有力的干预，采用多种方法和手段，调整原有技术知识体系，加快新技术融入化工企业应用生产体系（龙思颖等，2021）。

5.2.2.2 化工新材料技术协同扩散的知识体系

参与主体的关系主要是指科研机构、政府、金融机构、化工企业和科技中介机构之间通过相互作用和相互影响，产生的各种组织关系，在多主体关系网络中主要包括以下内容：

第一，化工新材料技术产业化协同扩散主体之间的正式关系。在化工新材料产业链中，政府与企业、金融机构与企业、政府与科研机构之间的影响和联系都是关系网络中的重要部分。扩散关系网络的畅通对技术扩散的速度和效果具有较大的影响。

第二，化工新材料技术产业化协同扩散主体之间的非正式关系。这种非正式关系大多体现在组织内人与人之间的相关联系形成的社会关系，且大多建立在人与人之间相互交往产生的信任关系，所以这类关系相对而言较为稳定。

5.2.2.3 化工新材料技术产业化协同扩散的产业环境

技术产业化本质是一种经济活动，技术的扩散需要有一定的产业环境作为支撑来进行，这种产业环境有众多的微观层面因素构成，这些因素均与技术的协同扩散有着直接或间接的联系。结合产业实际情况来看，影响化工新材料技术产业化协同扩散的主要产业环境包括社会资本、价值观念和产业制度与政策等方面。产业环境的复杂性加剧了技术扩散体系的复杂性。

（1）社会资本。形成相互作用关系体系的关键因素就是社会资本。社会资本通过提供资金支持和加快资本流动促使技术扩散过程中形成产业规模经济效应，从而降低技术扩散过程中的交易成本。社会资本在一定程度上能够加快技术扩散过程，推动区域内化工企业形成产业集群，带动产业发展和经济增长。

（2）价值观念。价值观念是指人们在做决策时会考虑的价值取向和基本原则。从技术扩散角度来阐述价值观，重点是考虑企业家的价值观念和精神追求。技术扩散更需要风险偏好型的企业家，他们所具有的追求创新发展、勇于尝试新技术、敢于承担失败风险的精神会对技术扩散的顺利进行产生极为重要的影响。

（3）制度与政策。政策的制定者和执行者根据产业的实际情况进行调控和调整，使产业政策和制度更加适应产业发展、利于技术扩散，使新技术知识与已有知识产生良好的融合（王世波和赵金楼，2018）。

产业环境对技术扩散同样具有两面性：一方面，适宜的产业环境为化工新材料技术产业化协同扩散提供基础条件，此时，良好的政策和发展环境对新技术知识的扩散会产生积极的正向影响；另一方面，与新技术不相匹配的产业环境会限制技术的扩散过程，如果产业环境不支持新技术在产业内进行扩散，或者当前的产业环境比较糟糕，无法进行技术扩散，此时新技术就无法实现扩散。因此，新技术的扩散不仅要考虑与现有技术知识的匹配，同时还要考虑产业环境能否为新技术的扩散提供良好的服务。

5.2.3 化工新材料技术协同扩散网络的实现过程模型

本部分研究新技术知识与产业已有知识体系的融合创新，并顺利实现技术协同扩散。

5.2.3.1 化工新材料技术产业化协同扩散实现过程模型构建

化工新材料技术产业化协同扩散过程主要包括：技术扩散是新技术知识与产业已有知识融合创新的过程，这个过程并非简单的复制转移，而是再创造新知识体系的过程；技术知识的扩散需要相应的环境条件作为支撑，尤其是抽象的理论知识，更需要由载体和产业基础来传递。适宜的产业环境能够加快技术扩散的速度，提升扩散的成效（刘鹤，2013）。由此构建了化工新材料技术产业化协同扩散的实现过程模型，如图5-4所示。

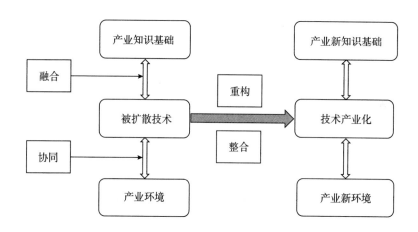

图5-4 化工新材料技术产业化协同扩散体系实现过程模型

通过上述分析可以看出，化工新材料技术产业化协同扩散的过程中存在各种各样的因素，并且因素之间相互作用，导致扩散过程相对复杂。技术产业化协同扩散体系最重要的是参与主体之间形成"协同效应"，即化工新材料技术产业化协同扩散体系中参与主体通过协同扩散获得的成效。

技术扩散本质上是新技术在产业环境的支持下实现与产业已有技术知识的融合重构过程，重构过程是多主体相互协作的过程。技术协同扩散体系中科研机构、科技中介机构和众多企业等参与主体的技术和知识基础存在一定的差异，因此技术产业化协同扩散体系既要考虑技术本身的知识，同时也要考虑产业原有的知识基础。化工新材料技术产业化协同扩散体系实现过程模型是以技术与经济结合的方式开展的大幅度资源整合扩散模式（解学梅和刘丝雨，2015），由企业、科研机构、科技中介机构、政府和金融机构等主体以技术扩散为联系形成的技术扩散载体，通过解决产业核心技术、共性技术和专有技术，形成具有实际生产力的技术扩散体系。技术产业化协同扩散体系最重要的是参与主体之间形成"协同效应"，即化工新材料技术产业化协同扩散体系中参与主体通过协同扩散获得的成效。化工新材料技术产业化协同扩散体系中的主体发挥各自优势，相互作用，从而提升科研机构的研发水平，加快企业技术升级，推动产业发展。

5.2.3.2 化工新材料技术产业化协同扩散体系实现过程模型的内在要求

为了实现扩散体系效用最大化，对协同扩散体系实现过程模型提出以下内在要求：

第一，整体协同、全面推进。坚持相互了解、相互开放、相互信任，协同扩散主体之间可以有效克服市场反馈的滞后和信息不对称，各主体对新技术信息即时更新，实现技术在空间上的即时扩散。

第二，长期协同、持续扩散。建立长效机制来保证产业的发展，推动技术协同扩散，强化持续创新能力，形成强大的持续创新系统（张强和卢获，2011）。

在利益共享的基础上，共同推进技术协同扩散，进而提高科技成果转化率和技术产业化。

5.3 化工新材料技术协同扩散的影响因素分析

扩散主体和产业环境共同形成的产业圈中，技术扩散主体将新技术经由技术扩散网络传递到技术接受方，具体过程如图5-5所示：

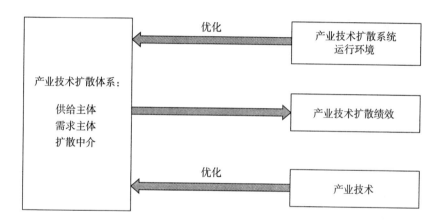

图5-5 化工新材料技术产业化协同扩散体系

（1）产业技术属性。新技术对技术协同扩散绩效的影响主要是技术的独特优势、与其他技术的兼容性和技术转化可获得的收益等。

（2）技术扩散主体体系。

①供给主体。从新技术扩散的技术源头来看，主要是科研机构。

②需求主体。从化工新材料产业出发，新技术的需求者是化工企业，它们既是新技术的需求者，又是实现技术产业化的主体，通过化工企业的生产和销售，才能实现技术的经济价值。

③扩散中介。在化工新材料技术产业化协同扩散体系中，扩散中介主要指的是科技中介机构。科技中介机构具有专业的技术信息平台和渠道，能够及时有效地在科研机构和化工企业之间沟通技术最新进展和市场需求信息，促进双方的合作，从而推动新技术的转移和熟化。

（3）技术扩散产业环境。适宜的产业环境是新技术快速扩散的基础。

5.3.1 扩散技术对技术协同扩散的影响

扩散技术的特征会对技术扩散产生的影响主要包括：

（1）独特优势。化工新材料技术相对于传统化工技术，具有高附加值、重量轻、性能优良、环保等特点，既能服务于国家重点战略产业，同时也有利于生态环境保护，实现绿色产业发展。一项化工新材料技术若要实现快速广泛的扩散，需要具有能够超越之前技术的先进性。对技术先进性的衡量主要是看技术的创新性、技术接受度和技术转化带来的经济效益等（王树斌等，2021）。需要声明的是，本书所指的技术先进性更倾向于新技术相较于原有技术独特之处，新技术的独特优势能够促使产业淘汰旧技术，带来新的技术效果和产业发展，这样才会吸引技术接受方积极应用新技术。

（2）技术兼容性。化工新材料技术研发的目的是降低产业成本，塑造产业技术优势，为化工企业带来利润，满足产品用户需求，只有这样才更容易被化工企业所接受。技术的兼容性主要是指新技术与产业其他技术的协调配合或融合，一般而言技术的兼容性与其扩散速度呈正比例关系，即技术的兼容性越强，技术的扩散速度越快。在引入一项新技术、淘汰旧技术的过程中，产业内的企业不可避免地需要在生产行为和市场发展战略等方面进行调整，如果技术应用者不能适应新技术，无法尽快调整原有的生产行为和已有的技术运用习惯，就无法实现新技术的扩散，此时新技术并不具备良好的兼容性（李巧华等，2023）。反之，如果新技术与技术应用者能够实现良好的配合，企业能够在原有技术的基础上进行简单调整后，快速适应新技术，便能够加快新技术在化工产业的扩散，此时认为新技术具备较好的兼容性。

5.3.2 技术扩散主体对技术协同扩散的影响

5.3.2.1 技术供给主体

技术供给主体又称为技术源头，主要是指科研机构。科研机构的综合能力和研发理念会对技术扩散产生影响。

（1）综合能力。科研机构是进行化工新材料技术研发的主导者，在创新和研发新技术的过程中，科研机构能够不断提高研发能力，积累研究经验。同时，科研机构作为技术供给主体，需要经常与作为技术接受方的化工企业进行交流合作，如果科研机构能够给予化工企业充足和持续的技术指导，便能够推动企业和产业更快、更高效率地接受和应用新技术，从而加快技术扩散。

（2）研发理念。科研机构研发新技术的出发点是实现技术创新，将知识转化为技术，但最终目标还是希望新技术能够通过协同扩散实现产业化，创造经济价值，弥补实验研究成本和为新一轮研究提供资金支撑。因此，技术供给方非常注重新技术的扩散绩效，甚至会主动与技术接受方进行合作，提供帮助，加快新技术的扩散，如此一来，便促进化工新材料技术的协同扩散。

5.3.2.2 技术需求主体

技术需求主体是技术的接受者，其自身情况会对技术扩散绩效产生较大的影响。与科研机构、科技中介机构、政府机构交往越密切，获取技术信息和产业政策越快捷，便越能提前接触新技术。

5.3.2.3 扩散中介

科技中介机构作为扩散中介，主要功能是快速准确地传达信息，为科研机构提供产业和市场需求信息，为化工企业提供新技术研发信息，便于双方及时沟通，从而推动技术扩散。科技中介机构的具体作用包括以下两点：

（1）传递产业技术信息。技术集散是科技中介机构的首要业务。科技中介机构不仅能为企业提供技术研发信息，也可分析目前产业技术的发展现状，为企业引进技术提供决策。科技中介机构通过其广阔的信息渠道获取和传播产业技术信息，助力新技术的扩散（郑月龙等，2022）。

（2）创造良好的扩散环境。科技中介机构在集散产业技术信息中最大的特点是，不论是对技术供给方还是技术需求方，都能够保证公平公正的态度。其能够从技术供需双方的利益出发，调节、缓和双方冲突，促进技术供需双方达成合作，从而为技术扩散创造良好的扩散环境（宋倩倩，2023）。

5.4 化工新材料技术协同扩散多主体协同运作

技术协同扩散系统主体主要包括科研机构、化工企业、科技中介机构、政府机构和金融机构。科研机构是技术发明者和技术创新源头，它们掌握理论知识和创新技术，其开发出的新技术水平直接影响该技术扩散的市场需求。化工企业是技术的接受者，通过将技术用于生产产品来推动技术扩散。科技中介机构具有丰富的市场信息，在技术协同扩散系统中发挥了重要作用，主要包括技术创新信息传播和提供咨询服务以方便相关扩散主体进行决策。政府机构在技术协同扩散系统中主要扮演引导者和监督者的角色。金融机构主要为技术协同扩散的开展提供金融服务，如交易担保、贷款支持、风险投资等。五个技术扩散参与主体之间相互作用并影响化工新材料产业技术协同扩散绩效。

5.4.1 政府政策扶持

政府是协同扩散环境的创造者，也是协同扩散体系顺利运作的保障者。新技术协同扩散体系的发展需要政府的支持，适当的政策可以很好地激励科研机构、企业及科技中介机构的创新发展。

政府环境包括政府为保障化工新材料产业技术协同扩散体系的运作而出台的一系列政策，主要包括税收政策、补贴政策和其他保障性政策等（马丽仪等，2019）；政府也可直接为企业或科研机构的技术创新提供资金支持，以提高创新产出。政府机构的服务能力主要体现在对科技中介机构、科研机构和化工企业的政策扶持，具体如图5-6所示。据此提出假设：

H1a：政府政策扶持对科技中介机构发展具有正向作用。

H1b：政府政策扶持对化工企业发展具有正向作用。

H1c：政府政策扶持对科研机构发展具有正向作用。

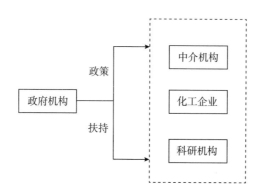

图5-6 政府政策扶持的作用路径

5.4.2 金融机构资金支持

资金是技术协同扩散体系运作的基础和主要推动力。技术扩散的主要目的是实现产业化，从而取得最大化的经济收益。金融机构是衔接技术协同扩散系统中各主体之间的重要桥梁和纽带，能够为技术扩散和产业的发展拓宽融资渠道，转移和管理风险，改善企业等的资金流动状况以及提供金融便利等（成海燕等，2020）。金融机构的服务能力主要体现在对化工企业的资金扶持，具体如图5-7所示。据此提出假设：

H2：金融机构资金支持对化工企业的发展具有正向作用。

图5-7　金融机构资金支持的作用路径

5.4.3　科技中介机构服务能力

科技中介机构是促进技术协同扩散的中间桥梁。一般而言，科技中介机构能够及时、准确地传递最新的科技政策和信息，提供专业的科技人才，把握市场最新动态。科技中介机构的主要作用就是进行技术信息扩散，为客户提供技术咨询服务。它们可以快速、准确地提供详细的技术信息，并深入挖掘各种有用的信息来满足客户需求（秦洁和王亚，2015），对技术信息扩散产生很大的推动作用。

5.4.4　科研机构创新能力

科研机构的创新能力指科研机构的学术水平和综合实力（Yang et al.，2020）。在技术协同扩散过程中，科研机构要担任协同扩散中的知识创造方，这要求科研机构必须具备雄厚的科研实力、扎实的人才基础，才能保证技术协同扩散的开展。

当前，我国化工新材料的发展与国外先进水平仍有相当大的差距，自主创新能力欠缺、科研投入不足严重限制我国化工新材料的发展。科研机构是新技术的研发创造者，其在技术研发创新过程中，通过不断提升创新能力、积累研发经验，进而能够在化工新材料技术研发领域持续发力，培育新的竞争性技术，从而加强化工新材料产业的技术竞争力。

5.4.5　化工企业创新发展能力

在技术协同扩散系统中，企业在技术协同扩散过程中不再单独地进行产品的所有环节，而是利用科研机构的创新研发能力，通过协同合作，利用科研机构研发的新技术进行下一步的实验和生产及其他环节，降低创新风险，同时加快新技术的扩散。

技术扩散受到多方复杂条件限制，技术协同扩散也会在化工企业中进行，所以企业创新发展环境的协调性会影响技术扩散效果，良好的创新合作氛围可以促进技术扩散；反之相反。因此，企业的创新发展环境对技术协同扩散有着关键的影响作用（危怀安等，2022）。

科技中介机构、科研机构和化工企业的发展对技术协同扩散绩效有直接的影响作用，同时在技术协同扩散过程中，科研机构为化工企业提供技术支持，科技中介机构则为化工企业提供技术服务，具体过程如图5-8所示。据此提出假设：

H3a：科技中介机构服务能力对化工企业发展具有正向作用。

H3b：科技中介机构服务能力对化工新材料技术协同扩散具有正向作用。

H4a：科研机构创新能力对化工企业发展具有正向作用。

H4b：科研机构创新能力对化工新材料技术协同扩散具有正向作用。

H5：化工企业创新发展能力对化工新材料技术协同扩散具有正向作用。

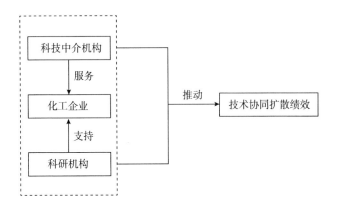

图 5-8 科技中介机构、化工企业和科研机构的作用路径

5.5 技术协同扩散的实证分析

基于前文研究假设，本书构建了关于化工新材料技术协同扩散的理论模型。如图 5-9 所示，在模型中，科研机构创新能力、化工企业创新发展能力、科技中介机构服务能力、政府政策扶持能力、金融资金支持能力具有正向影响。在此基础上，确定指标选取原则，并依此原则确定技术协同扩散体系的衡量指标。

5.5.1 技术协同扩散的指标选取原则

5.5.1.1 科学性原则

选取指标应该满足科学性，基于评价目标和选取指标的真实关系，以此保证各项指标具有合理性。构建化工新材料技术协同扩散指标体系时，要充

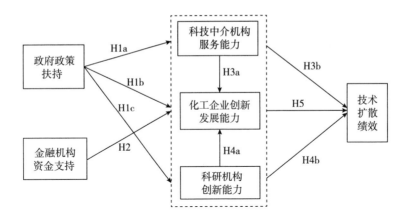

图 5-9 技术协同扩散实证模式

分理解研究对象的内涵，明确技术协同扩散各主体的内在影响和相互联系。

5.5.1.2 系统性原则

技术协同扩散是政府机构、金融机构、科技中介机构、科研机构和化工企业共同作用的结果，构建的化工新材料技术协同扩散体系的指标中应尽可能地保证指标的系统性、整体性和相关性，客观地反映技术协同扩散体系主体之间的协调性和各自的独立性（吴寿仁，2018）。

5.5.1.3 动态性原则

化工新材料技术协同扩散发展是一个动态的变化过程，会随着政府的政策扶持和财政补贴、金融机构的资金支持、科技中介机构的技术服务、科研机构的创新研发和化工企业的发展能力的变化而不断变化。因此测算指标应具有动态性，这样不仅能够反映当前技术协同扩散体系的发展程度，同时也能够预测未来的发展趋势。

5.5.1.4 可操作性原则

要确保化工新材料技术协同扩散体系的指标是通过科学的方法和真实有效的途径获取的，在指标体系构建过程中，尽量选取有代表性且能够有效获取的公认指标，才有利于指标数据的收集和整理，进而实现技术协同扩散体系的实证检验。

5.5.2 指标选取及数据来源

上文对化工新材料技术协同扩散的影响因素进行了理论分析，在此基础上，本书所涉及的被解释变量为化工新材料技术协同扩散绩效，解释变量为科研机构创新能力、企业创新发展能力、科技中介机构服务能力、政府服务能力和金融中介机构支持能力。根据研究文献，进一步确定技术协同扩散影响因素的可量化指标，并对指标进行处理，以及后续的实证检验。

5.5.2.1 指标选取

（1）科研机构创新能力。

在技术协同扩散体系中，科研机构创新能力是化工新材料产业发展的核心动力，科研机构的研发人员是科研机构进行科研活动最重要的人力资源，研发经费内部支出体现了科研活动的经费保障，专利授权量和拥有有效发明专利的数量体现了科研机构的科研产出能力。因此，根据科研机构的发展特点，借鉴相关文献，曾琼等（2019）和张卫国等（2012）对科研机构创新能力的研究，并以山东省为例，选取了3项指标来表示山东省科研机构创新能力，如表5-1所示。

表5-1　科研机构创新能力指标选取

潜变量	显变量	作用	文献基础
科研机构 创新能力（R）	研发人员数（人）	+	曾琼等（2019）
	研发经费内部支出（万元）	+	张卫国等（2012）
	专利授权量（件）	+	曾琼等（2019）

（2）企业创新发展能力。

在技术协同扩散体系中，企业创新发展能力是化工新材料产业发展的重要推动力；企业主营业务收入和利润总额体现了企业的现金流和盈利能力，这是企业持续经营的经济基础；研发经费投入占比情况体现了企业对研发创新活动的重视程度；从业人员年均人数体现了企业人员的流动性，间接体现了企业的经营状况。因此，根据化工企业的发展特点，借鉴相关文献，曹鑫和阮娴静（2020）、杨全帅和李栋（2020）对企业创新能力和发展能力的研究，并以山东省为例，选取了 4 项指标来表示山东省化工企业的创新发展能力，如表 5-2 所示。

表 5-2　企业创新发展能力指标选取

潜变量	显变量	作用	文献基础
企业创新 发展能力（P）	主营业务收入（亿元）	+	曹鑫和阮娴静（2020）
	研发经费投入占比（%）	+	
	利润总额（亿元）	+	杨全帅和李栋（2020）
	从业人员年均人数（万人）	+	

（3）科技中介机构服务能力。

在技术协同扩散体系中，科技中介机构服务能力是化工新材料技术扩散的中间桥梁；科技中介机构数量和生产力促进中心数量体现了科技中介机构的发展规模；从业人员数量、服务次数和服务企业数量体现了科技中介机构的服务能力。因此，根据科技中介机构的发展特点，借鉴相关文献，陈蕾和林立（2015）、贺文佳和吕微（2018）对科技中介机构绩效评价的研究，并以山东省为例，选取了 3 项指标来表示山东省科技中介机构的服务能力，如表 5-3 所示。

表 5-3　科技中介机构服务能力指标选取

潜变量	显变量	作用	文献基础
科技中介机构 服务能力（T）	科技中介机构数量（工程 技术中心+生产力促进中心）（家）	+	陈蕾和林立（2015）
	从业人员数量（万人）	+	贺文佳和吕微（2018）
	服务企业数量（家）	+	

（4）政府服务能力。

在技术协同扩散体系中，政府服务能力是化工新材料技术扩散的重要保障；生产总值是对政府经济和人文社会工作能力的评价；科研投入占 GDP 比重体现政府对科研活动的支持和经费投入；公共服务支出体现政府发挥服务职能推动公共活动的能力。因此，根据政府的服务特点，借鉴相关文献，孙亚静和尚凯（2017）、董雯（2015）对政府服务能力的研究，并以山东省为例，选取了 3 项指标来表示山东省政府的服务能力，如表5-4 所示。

表5-4　政府服务能力指标选取

潜变量	显变量	作用	文献基础
政府服务 能力（G）	生产总值（亿元）	+	孙亚静和尚凯（2017）
	科研投入/GDP（%）	+	
	公共服务支出（万元）	+	董雯（2015）

（5）金融中介机构支持能力。

在技术协同扩散体系中，金融中介机构支持能力是化工新材料技术扩散的资金基础；金融中介机构数量体现了金融中介机构的发展规模；金融机构行业贷款额体现了金融中介机构对行业发展的支持力度。因此，根据金融机构及中介机构的服务特点，借鉴相关文献，黄伟光（2013）对金融中介机构绩效评价的研究，并以山东省为例，选取了 2 项指标来表示山东省金融中介机构的支持能力，如表5-5 所示。

表5-5　金融中介机构支持能力指标选取

潜变量	显变量	作用	文献基础
金融中介机构 支持能力（F）	金融机构行业贷款额（万元）	+	黄伟光（2013）
	金融中介机构数量（家）	+	

5.5.2.2　数据来源

本章所用数据来源于《山东统计年鉴》（2010—2021 年）、《中国火炬统计年鉴》（2010—2021 年）、山东工业和信息化厅统计数据（2010—2021 年）、山东省科学技术厅统计数据（2010—2021 年）。

5.6　研究方法选择及数据预处理

5.6.1　结构方程

本书选择偏最小二乘（PLS）结构方程进行建模分析。首先结构方程能够处理多个变量之间的因果关系，以及对潜变量进行分析。偏最小二乘法是结构方程建模的方法之一：

测量方程为：

$$X = \Lambda_i \eta + \varepsilon$$

其中，X 是观测变量，η 是潜变量，Λ_i 是描述潜变量与观测变量关系的因子负荷矩阵，ε 是残差项。

结构方程为：

$$\eta = \Psi_i \chi + \xi$$

其中，η 和 χ 是测量方程中不同的潜变量，Ψ_i 是描述潜变量之间关系的因子负荷矩阵，ξ 是残差项（刘景江等，2001）。

构建 PLS-SEM 包括指标设定、模型估计拟合与修正、模型评价等步骤。结构方程模型路径示意图如图 5-10 所示。

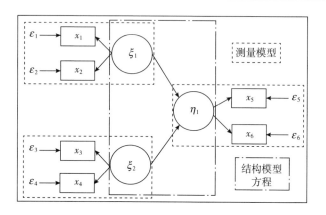

图 5-10　结构方程模型路径示意图

5. 6. 2　数据标准化处理

当指标数据单位不同时，量纲限制会对实证结果产生较大影响，在进行化工新材料技术协同扩散机理的验证之前，对指标数据进行标准化处理，具体处理步骤如下：

（1）标准化矩阵 X。

$$X_{ij} = \{ x_{ij} \}_{m \times n} = \begin{bmatrix} x_{11} & x_{12} & \cdots & x_{1n} \\ x_{21} & x_{22} & \cdots & x_{2n} \\ \vdots & \vdots & \vdots & \vdots \\ x_{m1} & x_{m2} & \cdots & x_{mn} \end{bmatrix}$$

（2）指标数据进行极值处理。

正向指标处理：

$$x'_{ij} = \frac{x_j - x_{\min}}{x_{\max} - x_{\min}} \tag{5.1}$$

逆向指标处理：

$$x'_{ij} = \frac{x_{\max} - x_j}{x_{\max} - x_{\min}} \tag{5.2}$$

其中，x_j 为第 j 项指标值，x_{max} 为第 j 项指标的最大值，x_{min} 为第 j 项指标的最小值。如果需求指标数据越大越好，需要选用正向指标处理公式；反之，需要选用逆向指标处理公式。x'_{ij} 为标准化后的数值，表示 i 样本的第 j 个指标，$i=1，2，\cdots，m，j=1，2，\cdots，n$，其中 m 为指标数，n 为年份。

5.7 模型检验

5.7.1 数据检验

按照结构方程模型的建模要求，首先对标准化后的 18 项指标数据进行合理性及有效性的分析检验，主要是对样本数据进行效度和信度检验。

5.7.1.1 效度检验

本书利用 SmartPLS3.2 得到 18 项指标样本数据的 KMO 值为 0.742，符合进行因子分析的条件。进一步采用 Bartlett 球形度检验来判断因子分析的适应性，输出结果近似卡方值为 451.43，P = 0.000，同样符合进行因子分析的条件（霍映宝，2006）。结合 KMO 和 Bartlett 球度检验两个统计结果，表明山东省化工新材料技术协同扩散体系的样本数据通过效度检验（石业飞等，2022）。检验结果如表 5-6 所示。

表 5-6 效度检验结果

KMO		0.742
Bartlett 球形度检验	近似卡方	451.43
	自由度（df）	96
	显著性（Sig.）	0.000

5.7.1.2　信度检验

Cronbach's α 系数能较为准确地反映被测指标的一致性和内部结构的良好性（张小红等，2021），因此选择 Cronbach's α 系数对 20 项指标样本数据进行信度分析。由表 5-7 可得，各潜变量的 Cronbach's α 系数值均高于 0.7，表明样本指标数据内部一致性较高，具有良好的信度（韩驰等，2022）。

表 5-7　潜变量信度检验结果

潜变量	指标数量	Cronbach's α 系数
科研机构创新能力（R）	3	0.910
企业创新发展能力（P）	4	0.871
科技中介机构服务能力（T）	3	0.892
政府服务能力（G）	3	0.786
金融中介机构支持能力（F）	2	0.942
技术协同扩散绩效（C）	3	0.923

5.7.2　模型检验和修正

5.7.2.1　模型检验

化工新材料技术协同扩散的影响因素利用 Bootstrapping 方法对 R^2、拟合度进行检验，结果如表 5-8 所示。从表 5-8 中可以看出，技术协同扩散绩效 5 个潜变量的 R^2 均高于 0.7，这表明变量对模型有较高的解释度。按照结构方程拟合度大于 0.3 的要求，模型拟合度结果为 0.912 大于 0.3，表明模型的适配度较高，有较好的预测效果。

表 5-8　结构模型检验结果

潜变量	R^2	共同方差	Gof
R	0.987	0.829	
P	—	0.935	
T	0.892	0.857	0.912
G	0.927	0.913	

续表

潜变量	R^2	共同方差	Gof
F	0.875	0.835	0.912
C	0.971	0.824	

　　路径分析是对潜变量构成的路径关系的研究，通过计算得到 T 值，以此判断结构方程模型中原始假设路径的显著性。本书显著性判断的标准为 T 值大于 1.96，通过显著性是否通过标准来看假设关系是否成立（Technology Future Analysis Methods Working Group，2004）。共有待检验的假设关系如图 5-11 所示，利用 SmartPLS 软件得到路径系数的参数估计值如表 5-9 所示。除路径 H2、H3b 和 H5 的路径影响不显著，其他路径都在 5% 显著水平下通过了检验。

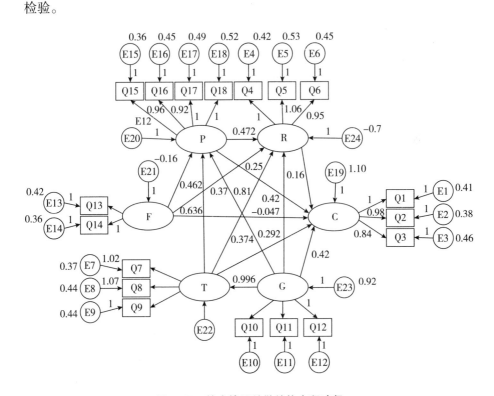

图 5-11　技术协同扩散结构方程路径

表 5-9　路径系数检验结果

假设	路径	路径系数	T 值	判断
H1a	G→T	0.579	4.125	显著
H1b	G→P	0.387	5.104	显著
H1c	G→R	0.631	3.603	显著
H2	F→P	0.618	1.136	不显著
H3a	T→P	1.012	3.879	显著
H3b	T→C	0.954	2.021	不显著
H4a	R→P	0.487	9.152	显著
H4b	R→C	0.693	7.854	显著
H5	P→C	0.337	1.915	不显著

5.7.2.2　模型修正

如果结构模型不显著，则可以通过去除路径系数不显著的路径的方式进行模型修正。由于 H2、H3b 和 H5 路径不显著，决定将金融中介机构数量这一变量替换为高新技术产业投资额，删除从业人员年均人数这一路径，得到修正后的结构方程路径模型的路径图（如图 5-12 所示）。对修正后的模型路

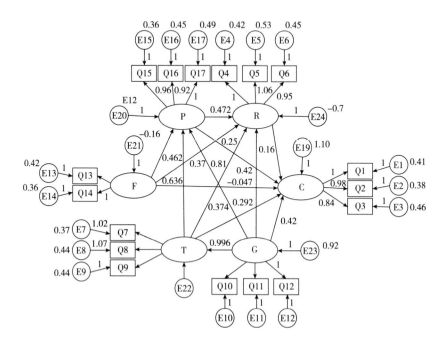

图 5-12　修正后技术协同扩散路径

径再次进行检验，此时所有路径均通过了5%显著水平，由此认为修正后的结构方程模型的预测效果优于原始结构模型（如表5-10所示）。

表5-10　修正后模型的路径系数检验结果

假设	路径	路径系数	T 值	判断
H1a	G→T	0.612	5.211	显著
H1b	G→P	0.525	4.213	显著
H1c	G→R	0.813	4.843	显著
H2	F→P	0.814	2.412	显著
H3a	T→P	0.987	3.986	显著
H3b	T→C	0.756	7.521	显著
H4a	R→P	0.597	8.879	显著
H4b	R→C	0.713	2.014	显著
H5	P→C	0.759	3.156	显著

5.7.3　结果分析

通过指标调整和模型检验，得出山东省化工新材料技术协同扩散的路径系数，系数的大小和正负向关系可以说明各因素对技术协同扩散的影响程度。检验结果如表5-11所示。

表5-11　研究假设检验结果

假设	变量假设关系	检验结果
H1a	政府政策扶持对科技中介机构发展具有正向作用	假设成立
H1b	政府政策扶持对化工企业发展具有正向作用	假设成立
H1c	政府政策扶持对科技机构发展具有正向作用	假设成立
H2	金融机构资金支持对化工企业发展具有正向作用	假设成立
H3a	科技中介机构服务能力对化工企业发展具有正向作用	假设成立
H3b	科技中介机构服务能力对化工新材料技术协同扩散具有正向作用	假设成立

假设	变量假设关系	检验结果
H4a	科研机构创新能力对化工企业发展具有正向作用	假设成立
H4b	科研机构创新能力对化工新材料技术协同扩散具有正向作用	假设成立
H5	化工企业创新发展能力对化工新材料技术协同扩散具有正向作用	假设成立

5.7.4 研究结论

通过运用 SmartPL 软件，对山东省 2009—2020 年化工新材料技术产业化协同扩散过程进行实证的结果表明，科研机构创新能力、化工企业创新发展能力、政府政策扶持、金融机构资金支持和科技中介机构服务能力对技术产业化协同扩散有正向的影响作用。

（1）科研机构创新能力是促进化工新材料技术产业化协同扩散的重要因素。科研机构创新能力越强，新技术的创新和研发速度越快，由此加快了技术协同扩散的源头。

（2）化工企业的创新发展能力是化工新材料技术产业化协同扩散的重要推动力，只有企业不断地发展创新，对新技术的需求才会不断增加，才会加快新技术的应用。化工企业的发展越迅速，技术产业化协同扩散的速度就越快。

（3）政府对化工新材料产业的政策扶持需要保持连贯性和持续性。政府通过相关政策扶持和财政补贴，对科技中介机构、科研机构和化工企业产生影响，从而影响技术产业化协同扩散绩效。

（4）金融机构需要不断加大对化工新材料产业的资金支持，才能保证行业中的企业有充足的资金和风险保障以支持其进行新技术的采用、研发等活动。行业中有越来越多的企业采用新技术或研发新技术，化工新材料技术产业化协同扩散的速度才会持续加快。因此，金融机构通过对化工企业的资金支持，间接地促进化工新材料技术产业化协同扩散过程。

（5）科技中介机构在化工新材料技术产业化协同扩散的过程中发挥着重要作用。随着化工新材料产业逐渐发展，新技术复杂性的提高，需要加大建设科技中介机构的力度，提高整体产业技术水平。

5.8　本章小结

本章首先从化工新材料技术的存在形态入手，分析了技术的知识本质和化工新材料技术的知识结构；其次研究了化工新材料技术协同扩散网络实现过程的理论模型，从技术协同扩散的实现过程，到技术协同扩散的知识网络系统，再到技术协同扩散的实现模型，逐级递进；最后从技术知识的角度将化工新材料技术分为产业共性技术和专有技术两种，指明化工新材料产业技术的扩散过程实际上是技术产业化过程中新技术知识和产业原有知识的融合创新过程，同时也提出了化工新材料技术产业化协同扩散的方式。

此外，本章运用结构方程构建了反映我国化工新材料技术协同扩散、包含 5 个潜变量和 17 个测量变量的模型。实证结果表明，该模型能够较好地验证技术协同扩散路径；同时结果也表明，科研创新、产业发展、科技中介机构、政府服务和金融中介机构能够促进化工新材料技术的协同扩散过程。

6 我国化工新材料技术协同扩散路径分析与仿真

6.1 化工新材料技术协同扩散知识体系

6.1.1 化工新材料技术协同扩散对新技术的要求

需要扩散的新技术知识与产业原有知识的同质性越高，越容易在产业内扩散；相反，异质性越高，则越不利于新技术扩散。但是对于化工新材料技术而言，由于新材料种类繁多，并且急需创新性的产品和技术，表现为异质性的技术知识符合行业发展特点。为了解决行业知识异质性导致的扩散困难，对新技术提出了几点要求：通过技术渐进来实现技术的重大突破，不会与现有产业环境发生较大的冲突，更容易被原有的技术体系所接纳；扩散技术标准化能够提高产业对该技术的接受度，加快技术产业化速度；可以采用将技术按模块化创新，既可以减少新技术知识扩散过程中需要重构的知识，又能满足企业差异化发展的要求（徐国军和刘澄，2019）。

6.1.2 同质化知识的融合扩散

化工新材料产业协同扩散是新技术知识体系与原有知识体系的融合重构，新技术在进行知识重构的过程中完成了扩散过程。

6.1.2.1 同质化协商

实现扩散过程就是通过特定途径和方法消除扩散技术知识与原有知识的异质性来实现知识的同质化。新技术与化工新材料产业原有技术的协商过程就是同质化的过程，在协商过程中消除两者的主要矛盾，完成重构，实现知识的同质化，进而完成产业技术扩散（Jung et al.，2021）。

6.1.2.2 同质化融合

通过协商达成知识重构的目的，新技术知识与原有知识之间的融合过程就是协调处理知识的异质化过程，适度调整知识本身和知识产生的环境，构建新的产业技术知识体系。

6.1.3 异质化知识的选择扩散

随着技术发生巨大变革，现在各机构、企业等已可根据自己的经验和技术积累，来选择未来技术发展方向以及技术扩散方向。化工新材料产业的技术不易于进行标准化，应尽可能地吸收更多有价值的创新技术来推动产业的成长。

6.2 化工新材料技术协同扩散模型

6.2.1 技术协同扩散主体分析

科研机构是掌握先进科技技术的源头；化工企业则是需要新技术支持的

市场主体；科技中介机构掌握着企业、大学和科研院所在创新技术中的需求和动态；政府根据区域科技发展规划和目标，顺应市场规律，整合科技资源，从中了解更全面的信息来制定相关政策，以推动技术产业化发展；从技术协同扩散的路径来看，金融机构掌握大量的资金，能够为存在技术需求和资金缺口的企业提供多种形式的资金支持，保障新技术的引进和应用（曹兴和柴张琦，2013）。

6.2.1.1 科研机构

在化工行业的产业升级过程中，制约我国化工新材料行业发展的主要因素是自主创新能力的欠缺。我国化工新材料每年研发的资金都十分短缺，科研投入不足，自主创新能力欠缺是我国化工新材料发展的主要"瓶颈"。下一步要在技术研发领域发力，加大研发投入，加大科研成果转化力度，加强基础研究和理论研究。只有通过不断创新才是化工新材料技术产业化发展的必由之路。为了加速我国化工新材料的创新研发，要建立专项技术项目，加强新型化工材料研发。

6.2.1.2 化工企业

化工新材料产业需要技术创新来推动产业发展，技术扩散发生主体是化工企业，所以化工企业的发展能力和创新环境直接影响技术扩散效果，企业良好的经营状况和研发创新能力有利于取得良好的新技术扩散效果。与资本转移不同的是，多方复杂条件都会限制技术扩散，如参与主体技术需求、行业专业人才培养、产业协调发展程度、产业法规完善程度等相适应的产业带动因素。

6.2.1.3 科技中介机构

在技术成果转化过程中，科技成果的拥有者与市场需求方的匹配度受到多方面因素（空间差异、信息的不对称等）的制约，需要科技中介机构的参与以实现成本的节约和匹配度的提高。科技中介机构通过对科技成果筛选、熟化、生产运营等一系列步骤将研发的新技术转化成市场需求的产品、项目或信息等，并最终移交给市场管理或产业企业（王俊霞，2020）。

6.2.1.4　金融机构

化工新材料技术产业化协同扩散过程中推动技术扩散的主要途径是各个主体之间的信息交流，金融机构提供的资金支持就是连接化工企业、科研机构、政府、科技中介机构等所形成的关系网络。社会资本直接影响技术扩散主体，进而影响技术扩散效果。良好的资金支持环境能促进产生外部规模经济效应，降低技术创新扩散的交易成本，可以使化工新材料技术形成区域聚集，从而带动产业发展。

6.2.1.5　政府

政府制定的相关政策和制度也会影响技术扩散效果，并体现出"双刃性"：一方面，合适的政府政策为化工新材料技术扩散提供条件。产业内部创新技术的扩散一开始是创新信息的传播，良好的政策文化环境更有利于传播创新信息。另一方面，不匹配的政府政策也会限制和阻碍技术扩散过程，因为新技术需要融入当时的政府政策发展环境，进而产生时滞。

6.2.2　基于可行性模型的协同扩散模型构建

一项技术的产业化所涉及的参与方式非常多，在本书的第2~4章，已经就如何判断一项技术是否值得产业化、是否有产业化潜力进行了探讨论述。尽管说，技术是产业化的前提，但并不意味着有技术就能实现产业化，一项技术要成功产业化，还需要多方参与（Chen & Sheu，2009）。

张继林（2009）从资源需求的角度归纳了技术产业化各阶段所需要的资源和资源的来源主体，具体如表6-1所示。

表6-1 技术产业化各阶段的资源需求

技术商业化阶段	所需资源	资源的来源主体
技术获取	市场信息、知识储备、政府政策规范	顾客、供应商、竞争对手、科研院所、内部研发人员、政府、中介机构
产品开发	技术、专利、专业人员、实验设备、行业经验、资金支持、中试设备、资金支持、试验基地、技术支持	内部研发人员、供应商、竞争对手、科研院所、技术中介机构、风险投资、供应商、其他同类型企业
生产能力开发（或称工程化）	原材料、生产设备、工艺设备、资金支持、技术和管理经验	供应商、其他同类型企业、外协厂家、竞争对手
市场开发	品牌、信誉、销售渠道、市场信息、政府政策规范	顾客、销售人员、竞争对手、风险投资、政府、中介机构

一项技术要实现商业化，需要经历技术获取、产品开发、生产能力开发、市场开发的漫长阶段。而目前能够经历以上过程、实现技术商业化的机构，一般是高技术企业。高技术企业主要有三种模式：一是风险创业型，是高技术企业最典型的类型；二是产学合作型；三是技术植入型（付晓蓉等，2011）。

无论是产学合作型、技术植入型，还是风险创业型，都可以归结为，只是主导的主体不同。但是，从我国的化工新材料产业来说，往往是现有的技术、设备、管理不符合新的技术和项目的需要。

因此，我们提出一种多主体参与技术产业化运营模式。科技中介机构在技术产业化中的作用主要有以下几点：

（1）推动科技技术成果转化。

科学技术的创新主体（大学、科研机构等科研部门）缺乏技术产业化过程中所需的各类资源，如管理创新资源等，因而必须进行市场配置。技术产业化过程中会发生技术的产权变化，如技术出售、转让、合作等，科技中介机构的主要作用就是降低技术交易和合作的风险及成本，加快推动技术成果转化。在技术成果转化过程中，科技中介机构提供专业化的服务和技术知识支撑，进行分类汇总及技术成果评估，降低市场交易风险；不仅如此，还要分辨高质量技术是不是由低质量技术"伪装",打击这种不利于技术产业化发展的不良现象,从而促进技术实现产业化(王丽和刘细文,2022)。

(2)降低创新成果供应者和创新主体的搜索成本。

主要创新成果供应者包括大学、研究机构等属于技术研发系统,主要创新主体如企业等属于产品市场系统,因为市场信息不对称,双方在技术交易和合作中存在逆向选择的问题,所以科技中介机构需要进行全面的信息收集,降低技术交易风险。科技中介机构在创新成果供应者和创新主体之间建立联系,进一步促进技术流动和技术产品流通,进而加快实现技术产业化(洪进等,2013)。

(3)促进产学研三者的有机结合。

从理论意义上来讲,产学研合作能够促进企业、高校和科研机构三者的优势互补,促进社会经济效益的提升。随着创新技术发展,产学研合作有助于建立技术与经济相结合的新体制,推进技术成果产业化。但我国实际的学术研究与市场需求目标并不一定一致,所以科技研究到技术成果的转化率和产出率呈现"双低"的情况。科技中介机构以其专业的服务能力,给企业、高校和科研机构提供信息互通的服务,推动相互之间的合作进程,以促进产学研合作,提高技术成果转化率和产出率,促进技术产业化。

6.3 技术协同扩散路径分析

6.3.1 企业内部技术扩散特点

以企业为中心的技术协同扩散是指,以市场为导向,实力雄厚的企业在政府、金融机构和科技中介机构的推动下主动与大学、科研机构等技术创新者联合，整合创新资源，进行协调、互动和创新的技术扩散模式。以企业为中心的技术协同扩散的参与主体主要包括主导企业、政府、金融机构、科技中介机构和科研机构，其中企业处于主导地位，既是参与技术创新的创造者，又是技术转化的生产者，给科研机构提供研发资金，选择项目和决定利益分配，但同时承担大部分创新风险（周德群等，2022）。科研机构主要为技术扩散提供技术知识资源。科技中介机构、金融机构为技术协同扩散的推进提供服务，政府则是引导者和监督者。

在以企业为中心的技术扩散中，由于企业具备接近市场、了解顾客需求等方面的优势，能够及时把握和预测市场的当前需求和潜在需求，最终产品才能更符合市场发展趋势。所以企业是技术与生产结合的最佳载体，以企业为中心的技术协同扩散必须坚持企业的主体地位，才能找到正确方向，有效整合各方资源，提高技术扩散的效率。

Melissie C. Rumizen（1998）对技术知识的扩散提出了著名的 SECI 模型，将知识扩散过程归纳为群化、外化、融合和内化四个阶段，以此描述企业创新活动中，显性知识和隐性知识之间的相互吸收、作用和转化。SECI 模型是指企业内部知识扩散的过程，借鉴 SECI 模型将企业内部技术协同扩散过程分为技术知识的共享交流、总结转化和融合提升这三个阶段。最重要的是，企业内部技术协同扩散的各个阶段都是在企业的带动下进行的，与企业的发展特点紧密结合（黄菁菁，2018）。

（1）技术知识共享交流。

企业内部技术协同扩散的第一阶段就是技术知识交流，主要是技术扩散参与主体以企业为中心进行技术知识沟通和交流。

技术、知识和资源的互补性是技术协同扩散的基础。在企业内部技术协同扩散中，企业目的是将自己的隐性技术知识转为显性，所以要积极促进扩散主体之间的沟通交流，实现技术知识的互补。技术协同扩散过程中的不同企业之间相互交流，共享技术开发、产品生产等知识，企业与科研机构之间相互交流共享技术知识和工程化知识。由此可见，技术知识的沟通交流从来都是一个双向的过程。由于参与主体之间信息不对称和市场环境经常变化，以企业为中心的技术扩散会面临很多风险，因此，参与主体以签订合同来增加信任，从而提高技术扩散的效率。此外，企业作为技术协同扩散的中心，应该了解合作伙伴的需求，起到制定契约、选择技术扩散渠道、协调伙伴和规划技术扩散的作用（迈克尔·E. 麦格拉思，2002）。

（2）技术知识总结转化。

技术知识转化是在技术知识交流的基础上技术协同扩散主体通过企业建立的平台，将交流共享的显性和隐性技术知识进行总结，转化为新的显性技术知识的过程。

通过技术扩散的第一阶段，参与主体相互交流共享已经获得了一定的显性和隐性技术知识。将获得的文字、图表、数据库等资源通过学习、整理和汇总后形成具体的报告、战略规划等，就完成了显性技术知识的总结。隐性技术知识的总结归纳难度较大，需将获得的隐性技术知识转化为显性技术知识，再进行显性技术知识的总结（Peter S. van Eck et al.，2011）。隐性技术知识的总结转化包括两方面：一是通过显性技术知识传递给他人，主要通过文字、概念、图表、视频和设计标准流程等载体来表达参与主体的想法和观点，最终实现技术扩散；二是专家将高度专业化、个人化的隐性技术知识进行标准化、清晰化，通过演绎、推论等技巧使其他参与者更易于理解和接受（Joskow & Mclaughlin，1991）。

在以企业为中心的技术扩散中，为了实现技术知识良好的总结转化，企业需带头建立一个技术知识汇集的研究中心，参与主体成员将交流、学习和转化后的显性技术知识和隐性技术知识进行总结归纳，将非共性的、单向的新技术知识和原有知识整合转化为共性的、整体的显性技术知识，以便进行技术知识扩散。

（3）技术知识融合提升。

在前两个阶段的基础上协同扩散主体对技术知识进行融合提升是指将总结转化后的显性技术知识与自身融合，然后提升为更复杂多样和更高层次的隐性技术知识，建立新理论或新知识体系等。这个阶段是协同扩散主体对所获得的知识真正消化吸收，真正实现自身隐性技术知识的拓展、延伸和重新构建（李恒毅和岳意定，2014）。

技术知识融合提升主要包括两个方面。一方面，依据技术协同扩散主体实践前两个阶段获得的显性技术知识，企业将制定战略规划、实施办法，制订培训计划，将得到的显性技术知识在组织内传播，达到提升企业的整体创新实力的目的。另一方面，显性技术知识的融合过程中获得新的隐性技术知识，使主体内部创新知识再次增加。协同扩散的主体将显性技术知识转变为日常规范，提高扩散体系成员技术能力，通过组织实践和培训使企业员工对制造流程、新产品和技术知识获得更清楚的认知。在此过程中，扩散体系内的隐性技术知识不断积累，进一步提升原有的技术知识体系，引发协同扩散体系中新一轮技术知识的扩散。

6.3.2 企业内部技术扩散模式

6.3.2.1 技术交易模式

技术交易模式指的是企业在评估市场前景和技术产业化风险后，有偿购买科研机构的技术研发成果，签订技术合同来实现技术快速投产，形成生产力为主的合作形式。企业考虑经营问题，不一定需要进行技术研发才能获取关键技术成果，可以直接通过购买技术开发，达到快速获得经济效益的效果。技术交易模式的本质就是显性技术知识的转移，科研机构将隐性技术知识显性化形成技术创新成果，由企业购买后将技术知识吸收（罗晓梅等，2019）。

6.3.2.2 联合攻关模式

联合攻关模式是指针对特定的项目，企业与科研机构共同进行资源投入，共同开展技术创新活动和共同分担风险的协同创新模式。这种模式的突出优点是，对市场潜力大但开发难度也大的新技术，能够快速整合不同主体的优势和资源，增强企业的创新能力和抗风险能力，加速企业攻克产业技术难关，促进新产品生产。企业进行技术创新经常使用联合攻关模式。

6.3.3 科研机构技术协同扩散特点

科研机构主导的技术扩散的实质在于，科研机构依托其知识、信息和人才等方面的优势，利用和整合社会资源，促进技术对接和技术产业化，进一步带动区域创新和产业技术升级，主要是通过技术转让、专利出售以及建立技术孵化器大学科技园和高新技术创业基地等形式。在这种技术扩散模式中，科研机构不仅主导推进技术扩散的过程，而且承担协调技术扩散主体关系的责任，以及确认技术扩散的目标、内容、风险分担和利益分配等（栾春娟，2018）。所以科研机构需要具备较强的科研实力，同时也在开发研究、应用研究、产品和工艺设计等方面具备一定的技术能力。在由科研机构主导的技术协同扩散中，企业是科研机构实现技术产业化和市场化的载体，政府是引导者和监督者。科研机构主导的技术扩散的优势和特点如下：

（1）有利于形成较强的科研创新和产业研发实力。技术扩散的主要目的是满足化工企业的技术需求，这就要求技术扩散主体具备较强的研发实力，高校与科研机构在专业核心实验设备、人才积累和重大创新平台等方面具有独特的优势，能够面向特定的产品技术和关键环节进行更深层次的研究，学术交流等形式对它们来说十分普遍。在科研机构主导的技术扩散中，科研机构和企业能够从基础研究入手，逐渐延伸到技术研发和产品开发环节，加深创新链条的融合（操龙灿和杨善林，2005）。

（2）促进了技术扩散中的人才交流。人才的合作和共享是技术扩散成功的关键，在科研机构主导的技术扩散中更容易实现人才的交流和互动。首先，科研机构拥有强大的人才队伍，这为技术扩散提供了充足的人才支撑和智力支持。其次，科研机构具有包容性，能够为人才提供交流平台，吸引企业的人才来进行学习深造。科研机构还可以组织创新活动如学术联系等，以促进人才之间进行交流沟通。

6.3.4 科研机构技术协同扩散路径

6.3.4.1 科研机构内部技术扩散的关键因素

（1）技术知识的性质与黏性。

技术知识自身具有如抽象性、难以模仿性、相对不可移动性和环境依赖性等独特的性质，代表其对外部环境存在黏性。技术知识的黏性越大，在技术扩散的过程中为了顺利地输出或接收知识而付出的成本也越高。

（2）科研机构的创新能力和技术扩散能力。

科研机构的创新能力具体是指其综合实力和学术水平。技术扩散能力是科研机构创新能力的延伸，是指科研机构向化工企业传递技术知识的能力，科研机构的能力强弱直接影响扩散效果和扩散成本。科研机构扩散能力对不同类型的技术知识也有不同的体现方式。对于显性技术知识，体现为能否通过各种方式对技术知识进行正确表述；对于隐性技术知识，则体现为借助一定的技术工具实现隐性技术知识显性化的能力（李柏洲和董恒敏，2018）。

（3）接受方的学习创新能力和吸收能力。

接受方指在技术扩散过程的企业或其他组织。对技术接受方来说，技术知识扩散创新融合的过程中技术接受方的学习创新能力十分关键；企业知识储备丰富，与科研机构的知识差距小，则有利于技术知识的扩散（钟章奇和何凌云，2020）。

6.3.4.2　科研机构内部技术扩散的实现形式

（1）大学衍生企业。

大学衍生企业的目的是为高校等的研究成果产品化提供条件和服务。现如今，大学衍生企业的基本定义为以高校的知识、技术和研发成果为基础，在高校环境下，由高校的教师、学生、员工或科研人员自主创办的科技型企业。国内也将大学衍生企业称为"校办企业""大学科技企业""高校企业"。此外，一般化工企业不愿意进行开发周期长、风险大、不确定性高的突破性技术，此时就需要高校在了解技术的市场前景和技术风险的前提下对技术进行开发。

（2）大学科技园、高科技园区。

大学科技园、高科技园区是由一所或多所研究型高校结合社会资源来推动科学技术进步和科研成果产业化的社会组织，具有技术、科技信息、人才和设备等方面的优势。

（3）高校技术转移中心。

高校技术转移中心是指将高校、科研机构与企业联系起来的技术中介机构，其目的是保证高校、科研机构与企业之间的知识交流和技术扩散。高校技术转移中心专门负责技术转移，与高校的技术成果管理转化联系密切。

（4）人才培养型协同创新。

高校的基本职能是人才培养和知识扩散，协同创新是以人才培养为主要目标，高校为了提高学生职业能力、实践操作能力和就业率，利用企业资源培养高校毕业生。人才培养型协同创新结合高校教学、科研条件与企业的生产设备、资金条件，让学生到企业学习生产、经营和管理知识，培养理论与实践相结合的综合型人才，同时高校学生成为技术扩散的载体，在参与项目的实践中将先进的科研理论知识扩散到企业中，实现创新技术扩散（Gray et al. , 2004)。

6.3.5 政府在技术扩散路径的职能定位

由于市场机制不能解决所有问题，因此技术协同扩散离不开政府的参与。

6.3.5.1 技术协同扩散的服务者

公共服务职能是政府的基本职能。在政府引导的技术协同扩散中，政府应积极为技术扩散的相关主体提供服务：一是提供好信息服务；二是制定和执行相关公共政策；三是完善基础设施建设，搭建信息交流平台、成果转化平台和资源共享平台等各种交流平台，推动技术协同扩散发展。

6.3.5.2 技术协同扩散的协调者

政府是技术协同扩散中的协调者，负责协调技术扩散各个主体的人力资源和工作组织等。政府既要引导高校进行人才培养机制改革，还要鼓励企业积极吸纳创新型人才，从而将科技知识扩散到企业中。同时，通过项目或者政策等形式优化资源配置，充分调动协同创新主体的积极性，引导创新资源合理流动。

6.3.5.3 技术协同扩散的参与者

在政府引导型协同创新中，政府是知识创新、技术转化的参与者，其主要职能作用是政策创新和机制创新。首先，政府需要找准自身的职责和划定权力范围，根据重点制定科学的引导性、激励性和协调性政策，对资源配置进行优化，推动技术扩散。其次，创新运行机制，满足技术扩散主体的合理需求，引导技术扩散（Hsu et al. , 2003）。

6.3.5.4 技术协同扩散的监督者

政府还是技术协同扩散中的监督者。在创新技术协同扩散中，创新技术扩散者担心自己的核心技术被窃取或研究成果被不正当地使用，此种现象会影响扩散者积极性，加强他们的戒备心理，不利于创新技术协同扩散的进行。

政府有义务完善知识产权保护的相关法律法规，监督政策法规执行，维护扩散主体的正当利益，以促进技术扩散的顺利进行。

6.4 化工新材料技术协同扩散的系统动力学仿真建模

6.4.1 系统动力学建模方法及建模步骤

系统动力学一般用于研究经济社会系统的问题，主要研究目标有如下几个：第一个是处理长期性问题；第二个是处理数据缺失、变量与关系复杂并不能量化的问题；第三个是处理非线性、复杂的问题；第四个是进行情景分析。因此，在要求预估未来的发展趋势的情况下，或者要研究不同条件下产生的不同结果时，都可以运用系统动力学。

系统动力学建模的步骤具体介绍如下（李冬冬和李春发，2021）：

（1）明确系统目标。对一个系统所采取的策略是根据系统的目的展开的，所以在分析系统时，首先要明确系统目标，接下来才能明确系统的其他变量与运行参数。

（2）确定系统边界。系统研究中系统边界值属于变量要素。为研究某些变量而去研究变量所在系统的整体情况，这是不可取的。要尽可能抓住系统主要变量，主动缩小系统边界范围。

（3）确定因果关系。研究系统内部要素之间的因果关系，辨别系统的整体结构，并利用反馈循环将这种因果关系表达出来，才能分析系统中变量要素的关联结构以及系统和环境的关系。

（4）建立模型。根据各要素间因果分析，画出系统因果关系图与系统流图，使用专业软件绘图建模，用数学关系表达各要素间的因果关系，确定系统各变量间的关系。

（5）计算机仿真。用软件建立好模型后在计算机上运行，可以得到仿真结果，提出供决策者参考的各种策略比较方案。

6.4.2 建模目的和假设

6.4.2.1 建模目的

运用系统动力学构建技术产业化协同扩散的系统模型的目的有两种：①运行趋势预测，对化工新材料技术产业化协同扩散系统的运行状况作出判断和预测，优化系统，提出决策建议。②主要变量控制，改变系统主要变量来反映化工新材料技术产业化协同扩散系统的运行机制，为提高扩散效率提出决策建议（李培哲，2020）。

6.4.2.2 模型假设

（1）科研机构研发创新能力对我国化工新材料技术协同扩散起到重要的正向影响。

（2）化工企业发展能力对我国化工新材料技术协同扩散起到重要的正向影响。

（3）金融机构资金支持对我国化工新材料技术协同扩散起到重要的正向影响。

（4）政府政策扶持对我国化工新材料技术协同扩散起到重要的正向影响。

（5）科技中介机构服务能力对我国化工新材料技术协同扩散起到重要的正向影响。

6.4.3 模型的适用性

经济学家认为，只有在受控环境中进行的结果导向的技术扩散活动才能被称为技术的协同扩散。本书认为系统动力学是分析复杂系统的有效方法，而化工新材料技术协同扩散可以看作一个复杂的系统，因此可以采用系统动力学研究视角进行仿真建模，具体表现如下：

（1）技术协同扩散过程具有系统性、整体性。为实现技术协同扩散，而推动化工新材料产业技术发展，推动有效技术实现产业化，提高企业创新率和竞争力。

（2）整个技术协同扩散过程影响因素系统包含众多的变量，整个建模过程较为复杂，符合系统动力学的建模要求。

（3）扩散参与主体五者之间符合系统动力学建模规律，各个影响因素在合作过程互相有共同作用、相互反馈，对技术产业化协同扩散绩效起到了促成作用。

6.5 化工新材料技术协同扩散仿真模型构建

6.5.1 化工新材料技术协同扩散系统结构

化工新材料技术产业化的协同扩散过程必须在环境的协同配合下，由扩散相关主体通过相互协同、相互作用，共同推动化工新材料技术在化工产业中快速流动应用。

6.5.1.1 技术协同扩散系统主体

技术协同扩散系统主体中，化工企业既包括技术拥有者，也包括潜在采用者，技术协同扩散的速度、质量和范围由两者的主观意愿决定。科研机构是技术创新的源头，是技术发明者，科研机构开发的新技术的产业化能力直接影响该技术能否被扩散。社会资金在技术协同扩散中的作用主要是对研发新技术的科研机构和潜在采用新技术的化工企业进行投资，促进其加快技术研发和采用新技术。科技中介机构在技术协同扩散中承担的是扩散渠道的责任，起到了传递技术创新信息、为其他扩散系统主体决策提供咨询服务的作用。政府主要是在技术协同扩散过程中施加政策影响，改变并促进潜在采用化工新材料技术的化工企业扩散技术或采用新技术。

6.5.1.2 技术协同扩散环境

任何技术协同扩散系统要实现有效运行就离不开技术创新扩散环境的推动，主要包括市场需求的推动和政府政策推动，同时也包括社会资本对技术协同扩散主体的潜在影响。

6.5.2 化工新材料技术产业化协同的因果关系

依据本书前面的研究结果，对系统中的主要因果关系进行分析，重点提取科研机构研发创新能力、化工企业发展能力、政府服务能力、金融支持能力、科技中介机构服务能力五个因素。为了分析这些影响因素的作用过程和机理，将这些影响因素界定为具体行为常量，并结合设置一些辅助变量来进行研究。

科研机构创新能力的影响因素主要包括研发人员投入力度、科研机构研发成果、产学研合作强度以及科技中介机构完善力度。化工企业发展能力的影响因素包括企业研发强度、企业与中介机构联系频度、企业与上下游企业联系频度、产学研合作强度、政府服务能力。政府服务能力的影响因素包括国家财政收入、政府财政补贴、基础设施完善程度等。社会资金支持能力的影响因素主要包括政府财政投入系数、社会资本健康度和风险资金投入力度等。科技中介机构服务能力的影响因素主要包括科技中介机构推动力度、企业与中介机构联系频度等因素（段玮等，2022）。

本书使用 Vensim 系统软件对化工新材料产业技术协同扩散的影响因素进行系统动力学的建模并进行分析。记录完成的各变量之间的因果关系如图6-1 所示。

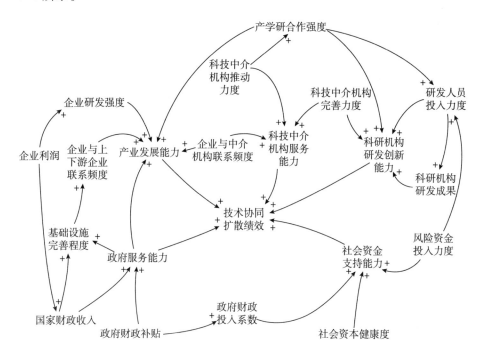

图6-1　技术协同扩散系统动力学因果关系

6.5.3　化工新材料技术协同扩散系统动力学存量流量

化工新材料技术协同扩散动力系统模型中的主要变量计算方程如下：

扩散绩效 = INTEG(扩散绩效增加值 – 扩散绩效减少值，2)

扩散绩效减少值 = 扩散绩效 × 扩散减少率

扩散减少率=0.2

扩散绩效增加值=科研机构创新能力×0.65+产业发展能力×0.65+政府服务能力×0.5

科研机构创新能力=产学研合作强度×0.55+科技创新成果×0.65

产学研合作强度=1

科技创新成果=科技机构数量×0.1

科研机构数量=INTEG（新加入机构数量-退出机构数量，20）

退出机构数量=科研机构数量×机构淘汰率

机构淘汰率=0.05

新加入机构数量=科研机构数量×产业吸引力×0.1

产业吸引力=政府服务能力×0.52+社会资金支持能力×0.68

产业发展能力=企业与中介机构联系频度×0.45+科技中介机构服务能力×0.55+社会资金支持能力×0.75

科技中介机构服务能力=2

社会资金支持能力=投资额×社会资本健康度×0.05

投资额=100万元

社会资本健康度=1

企业与中介机构联系频度=企业数量×0.1

企业数量=INTEG（新加入企业数量-退出企业数量，100）

退出企业数量=企业数量×企业淘汰率

企业淘汰率=1/12

新加入企业数量=企业数量×产业吸引力×0.1[1]

产业吸引力=政府服务能力×0.52+社会资金支持能力×0.68

---

① 袁青燕．共享经济下产业价值网络创新的系统动力学分析［J］．现代管理科学，2021（1）：68-82.

政府服务能力＝基础设施×0.2+政府财政补贴×0.5

基础设施＝1

政府财政补贴＝10 万元

根据因果关系图和数学计算模型，绘制技术协同扩散系统动力学存量流量如图 6-2 所示。

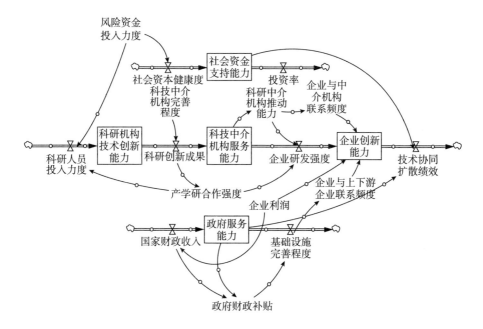

图 6-2 化工新材料技术协同扩散系统动力学存量流量

6.6 仿真分析及策略选择

6.6.1 化工新材料技术产业化协同扩散系统动力学动态仿真分析

运用 Vensim 软件，对化工新材料技术协同扩散过程进行动态仿真，动态仿真模拟时间跨度为 20 年，从 2018 年到 2038 年，步长为 1 年。

本书主要采用理论检验，着重考察模型的有效性、一致性和适应性。系统仿真结果如图 6-3 所示。

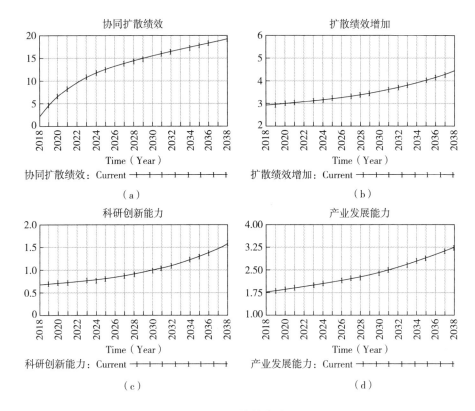

图 6-3　系统仿真结果

由图 6-3 来看，随着时间的推移，技术扩散绩效、扩散绩效增加值、科研机构创新能力和化工新材料产业发展能力均呈现增加趋势。

原因在于：一是在化工新材料产业发展初期，产业相关基础设施建设不完善，体现在政府服务能力较弱，导致技术扩散绩效增加较慢，进而影响扩散绩效。随着产业的发展和政府对基础设施建设的不断完善，政府服务能力不断增强，技术扩散绩效增加值不断提升，从而加快了扩散。二是化工新材料行业属于知识、技术密集型行业，技术研发前期需要大量研发资金的投入。

但由于技术创新存在较大风险，发展前期社会资金的投入力度会较小。但随着产业创新技术的不断成熟，市场前景和投资回报率会随之开阔和提高，社会资金对产业技术的投资额会不断增加，进一步提高产业发展能力，企业有充足的资金购买和提升新技术，从而提升了技术扩散增加值，进一步加快技术扩散。三是社会资金和政府对化工新材料产业的支持和服务能力的增强会提升产业的吸引力，当产业吸引力不断增强时，进行化工新材料技术研发的新设科研机构数量会逐渐增加，同时新进入的化工企业数量也会不断增加。科研机构数量的增加在一定程度上决定了技术科研成果的不断创新，因此提高了产业的科研创新能力。新企业由于自身技术资源、市场信息等方面的限制，会寻求科技中介机构的协助。当新化工企业数量增加时，企业与中介机构联系频度会不断增加，双方通过相互合作，能够推动化工新材料产业在技术、市场规模等方面的发展。产业发展能力的提升，自然又一次带动技术扩散绩效增加值的提升，进而加快技术协同扩散。四是作为技术的持有方和技术的接受方，科研机构和化工企业注定要存在合作关系。当产业内部化工企业数量和科研机构数量增加时，双方的产学研合作强度自然而然会增强。产学研合作的增强进一步提升了产业科研创新能力和产业发展能力，从而推动技术扩散增加值的提升，进而加快技术协同扩散。

从仿真运行结果来看，一些重要的规律与现实情况是较为相符的，这表明该模型能够真实地描述化工新材料技术的动态协同扩散，并且模拟结果可以为产业发展提供有效的参考信息。

6.6.2 化工新材料技术产业化协同扩散敏感性分析

技术协同扩散系统是一个复杂的社会系统，系统中存在相互影响的各个因素，构成了复杂的非线性关系（程慧锦和丁浩，2022）。但是，各因素对系统的协同扩散能力的影响程度却存在着差异，通过对化工新材料技术协同扩散系统动力模型的不断模拟与调试，分析出对技术协同扩散绩效影响较大的五个因素，分别为科研机构创新能力、化工企业发展能力、政府服务能力、金融资金支持能力、科技中介机构服务能力。通过改变五个影响因素的参数，来模拟化工新材料技术协同扩散系统的变化情况，以研究其对模型的影响。

6.6.2.1　科研机构创新能力

在保持其他因素不变的条件下，通过调整科研创新能力的变化，来分析其对化工新材料技术协同扩散绩效所带来的影响程度及变化。对比一为增强产学研合作强度和增加科研创新成果，对比二为降低产学研合作强度和减少科研创新成果。仿真结果如图6-4所示。

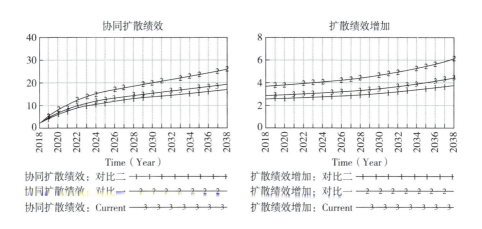

图6-4　系统对科研机构创新能力的敏感性分析

随着科研机构创新能力的提升，化工新材料技术协同扩散的绩效呈稳步上升的趋势。当科研机构创新能力不足时，化工新材料技术的协同扩散可以很早达到相对较高的水平，但是很快就趋于稳定甚至是开始衰落。反观科研机构创新能力较强的情况下，化工新材料技术协同扩散达到稳定后，还具有强劲的发展势头。所以，系统对科研机构创新能力具有较强的敏感度。加快化工新材料相关科研机构创新能够提升产业技术水平，从而提升产业竞争力。

6.6.2.2 化工企业发展能力

通过调整化工企业发展能力，来检验化工新材料技术协同扩散绩效的变化情况，对比一为提升科技中介机构服务能力和企业与中介机构联系频度，对比二为降低科技中介机构服务能力和企业与中介机构联系频度，仿真结果如图 6-5 所示。

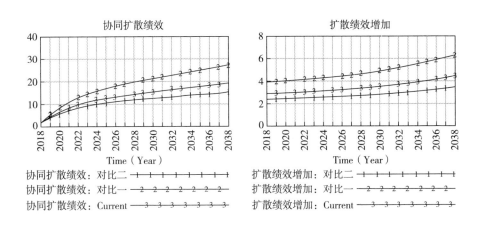

图 6-5 系统对化工企业发展能力的敏感性分析

如图 6-5 所示，化工企业发展能力的增强会促进技术产业化扩散绩效的增加。化工企业发展能力降低导致扩散绩效在 2022 年增长速度降低，随后扩散绩效开始趋于平缓。随着化工企业发展能力的提高，化工新材料技术协同扩散绩效增加，在 2024 年扩散绩效增长速度开始加快，并且随着时间的推移增长幅度越来越大。所以，系统对化工企业发展能力具有较强的敏感度。积极推进化工企业与中介机构合作，加快化工新材料产业发展水平，能够提升化工新材料技术的协同扩散绩效。

6.6.2.3 政府服务能力

通过调整政府服务能力，来检验化工新材料技术协同扩散绩效的变化情况，对比一为增加政府财政补贴和提高基础设施，对比二为减少政府财政补贴和降低基础设施，仿真结果如图6-6所示。

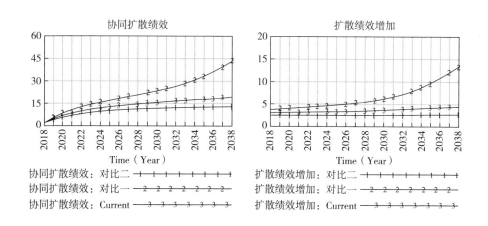

图6-6 系统对政府服务能力的敏感性分析

如图6-6所示，随着政府服务能力的提高，化工新材料技术协同扩散绩效有所增加，2017—2025年，政府服务能力的提高对于扩散绩效的影响程度并不明显，但从2025年后，政府服务能力的提高对扩散绩效的推动作用开始凸显，而且增长率在逐渐提高。政府服务能力的增强，能够鼓励更多的企业加大技术的研发和投入，提高技术的成熟度，从而促进该技术在更多的企业中扩散，提高扩散绩效。因此，系统对政府服务能力具有较高的敏感性。发挥政府的服务能力，加强化工新材料产业基础设施建设和政府对产业的财政补贴，对化工新材料技术协同扩散过程有较为重要的作用。

6.6.2.4 金融资金支持能力

通过调整金融资金支持能力，来检验化工新材料技术协同扩散绩效的变化情况，对比一为增加资金投资额和提高金融资本健康度，对比二为减少投资额和降低金融资本健康度，仿真结果如图6-7所示。

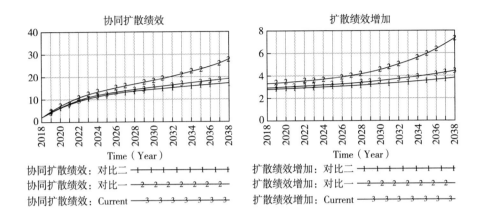

图6-7　系统对金融资金支持能力的敏感性分析

许多中小企业没有能力进行技术研发和推广，但在金融资金的支持下，更多的企业可以通过获得各类社会资金，积极投入化工新材料技术的研发和生产中，提升自己的能力。和政府服务能力对扩散绩效的影响程度相似，金融资金支持能力在2017—2026年对于扩散绩效的影响程度并不明显，但从2027年开始，金融资金支持能力的提升对扩散绩效的推动作用开始凸显，并且增长率在逐渐提高。因此，系统对金融资金支持能力具有较高的敏感性。鼓励金融资金流向化工新材料产业，强化金融体系，提高社会资本健康度能够加快化工新材料的技术协同扩散过程。

6.6.2.5　科技中介机构服务能力

在保持其他因素不变的条件下，通过调整科技中介机构服务能力的程度，分析其对化工新材料技术协同扩散绩效所带来的影响程度及变化，对比一为增强科技中介机构服务能力，对比二为降低科技中介机构服务能力，仿真结果如图6-8所示。

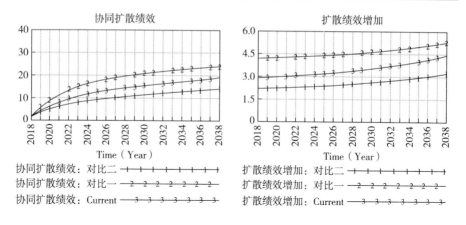

图6-8　系统对科技中介服务能力的敏感性分析

如图6-8所示，随着科技中介机构服务能力的提高，化工新材料技术协同扩散绩效得到大幅度提高；反之则相反。这说明随着技术的复杂性提升，化工新材料技术产业化的发展越来越需要加大科技中介机构的建设，以推动技术协同扩散。因此，系统对科技中介机构服务能力同样具有较高的敏感性。加快专业化科技中介机构建设，增强科技中介机构在技术转移、服务企业、加强企业与科研机构沟通等方面的作用，能够有效推动化工新材料技术的协同扩散。

6.6.3　模型仿真分析结论

通过运用Vensim软件，对2017—2037年化工新材料技术产业化协同扩散过程进行动态仿真分析，发现在此期间科研机构创新能力、化工企业发展能力、政府服务能力、社会资金支持能力和科技中介机构服务能力提升的情况下，技术产业化协同扩散实现了稳步推进。对模型进行仿真分析后，得出以下结论：

（1）科研机构创新能力是促进化工新材料技术产业化协同扩散的重要因

素。科研机构创新能力的提升会促进扩散绩效。伴随科研机构创新能力的持续加强，扩散绩效随着时间的推移增长幅度越来越大。

（2）化工企业的发展能力是化工新材料技术产业化协同扩散的重要推动力，只有企业不断地发展创新，对新技术的需求才会不断增加，对新技术的研发和投入也才会随之增加。同时化工企业是新技术的应用者和直接扩散者，化工企业的发展越迅速，技术产业化协同扩散的速度就越快。

（3）政府对化工新材料产业的政策扶持必须保持持续性，才能保证化工新材料技术产业化协同扩散处于强劲的发展势头。

（4）社会资金需要不断加大对化工新材料产业的投资力度，才能保证行业中的企业有足够的资金支持其进行新技术的采用、研发等活动。行业中有越多的企业采用新技术或研发新技术，化工新材料技术产业化协同扩散的速度就会越快。因此，社会资金是化工新材料技术产业化协同扩散过程中必不可少的作用因素。

（5）科技中介机构在化工新材料技术产业化协同扩散的过程中起到重要作用。新技术复杂性逐渐提高，需要加快建设科技中介机构，拓宽新技术产业化协同扩散渠道，推动产业技术扩散，提升产业技术综合水平。

6.7　本章小结

本章主要内容为技术协同扩散体系的路径分析。本章提出了科研机构、化工企业、科技中介机构、政府部门和金融机构协同扩散体系的构建，五个扩散主体之间能够相互影响、相互作用，加速技术产业化的进程，推动技术创新、产业环境、社会资本和政府政策协同运作。最后，本章分析了我国化工新材料技术产业化协同扩散路径，从企业内部技术扩散特点、扩散过程和扩散模型，科研机构技术协同扩散特点和路径以及政府在技术协同扩散过程中的职能定位等方面进行研究。

通过系统动力学方法，本章建立了以化工新材料技术产业化协同扩散为研究对象的仿真模型。仿真结果表明，科研机构创新能力、科技中介机构服务能力和化工企业发展能力对化工新材料产业技术协同扩散绩效有显著的促进作用，政府政策扶持和金融机构资金支持则对化工企业、科研机构和科技中介机构的发展有良好的正向作用，间接地推动了化工新材料技术产业的协同扩散。

7 加快我国化工新材料技术协同扩散的对策

7.1 提升科研机构创新能力

7.1.1 加强化工新材料产业基础研究

7.1.1.1 加强新材料研发的基础性研究

化工新材料相关科研机构要注重新材料研发的基础研究，在先进基础技术研究、关键战略技术和前沿性技术研发等方面鼓励原始创新与集成创新，重点突破阻碍国家、产业和地区经济社会发展的"卡脖子"难题。同时，科研机构要提升发展新材料的智能化制造技术，加大对新材料制造设备和检测仪器的研发支持，集中力量开发新材料核心设备，避免因设备落后导致科研活动的失败或受限，实现新材料核心设备的国产化。除此之外，科研机构要加强对知识产权的重视和保护，从战略高度加强知识产权保护，建设具有系统性、多元性、先进性、适用性及动态性的中国材料与试验标准体系。在研发化工新材料的同时要重视新型低成本制造工艺及其配套技术的开发，提高新技术在化工行业实现产业化的可行性和效率（章熙春等，2020）。科研机构作为先进化工新材料技术的集中地，要积极主动建立新材料结构设计—制造—评价共享数据库，以为下游化工企业应用新技术提供指导性的材料标准体系（贾雷坡等，2022）。

7.1.1.2 加强科研人员资源建设

科研人才是科研机构最重要的资源，要提高科研机构创新能力，必须保证科研人力资源。在科研人力资源建设方面，适宜科研人才工作、发展的外部因素主要依靠政府出台政策和制度，为科研人才实现发展创造环境，只有好的人才发展环境，才能"萌发"更多科技创新所需的多样化人才。加强化工类高校、科研机构与化工企业的互动交流，了解当前企业和行业对化工新材料类研究人员的技术需求，以此为依据为化工新材料科研人员规划人才职业发展道路。欧美等发达经济体的化工新材料产业发达，可以重点扶持从化工强国进修学习先进化工新材料技术的研究人员，尽力留住国外优秀人才，构建国际交流网络，促进新材料产业跨领域的人才流动。在国内大循环和国内国际双循环战略问题的指导下完善科研创新环境和制度，激发科研人员的科研潜力和创新活力，改善科研人员的工作环境和生活环境，保证其全身心地专注于研究开发创新工作。同时，要优化科研经费配置改革，实现资金的合理利用，提高科研机构经费向基础性、先进性和前瞻性化工新材料研发倾斜，在保障化工新材料项目研发经费充足的同时提高经费使用效率和成果，加强对科研机构研究经费和人员经费的评估和重新分配。鼓励科研机构的化工类科研人员积极参与地区产学研合作，及时了解化工新材料产业的技术需求和技术不足，调整新技术研发方向，消除科研人才、技术和市场之间的阻碍，实现各类资源良性循环，构建创新水平高的科研体系。

7.1.2 加强创新能力建设

7.1.2.1 加强技术研发

提高技术研发资金投入，增加研发设备、研发人员的资金支持，增强化工新材料科技创新的活力。政府的科技研发投入，应该多关注掌握核心技术的团队和院所，将投入落实到领先技术的创新研发支持中去。此外，应该在化工新材料技术研发领域形成良好的协同合作、技术交流、人才交流的机制，在攻克当前化工新材料产业的重大技术难题方面展开合作，实现技术资源的合理配置，发挥规模经济效应。

7.1.2.2 推进创新平台建设

通过合作创新平台科研机构，可以开展线上、线下形式多样的学术交流活动，提高与创新主体发生合作的可能性，保证科研机构与化工企业、科技中介机构之间的信息互动，从而使科研机构在进入化工新材料技术创新发展流程中获得更大主动性，获得更多实现机构间合作创新的可能。由于化工新材料产业关系到民生消费和战略性新兴产业，具有创新环境多样、多变的特点，因此对科研机构也提出了新的要求，只有主动与合作主体进行信息互换沟通，及时发现新技术的合作创新点，加强掌握化工产业市场的即时信息，才能保证科研机构在合作创新中持续研发出符合市场需求的化工新材料。

7.1.2.3 优化学科互动机制

化工新材料技术是化工、新材料、生物等多学科整合的产业，因此需要优化各个学科的交流互动，以建立创新合作平台为基础，使科研机构可以通过整合资源和增加与合作主体间的互动频次，提供优质的条件实现科研机构的创造价值。政府和企业应在跨学科平台打造中发挥"平台搭建人""平台需求发布人"的角色作用，通过积极地互动，推动更多更符合产业需求的信息流入科研机构，连接学术与产业，从而使科研成果更接地气、更贴合产业需求，提升科研机构对接、甄别市场需求的能力，保持科技成果产业化应用渠道畅通，为科研机构技术成果化、产业化创造良好的条件。科研机构通过平台网络将前沿知识及时准确地传递给网络中的其他主体，实现需求与研发的快速匹配，为推动化工新材料产业链上的企业转型升级提供支持，从技术产业化投资回报角度反哺企业，创造更多的协同价值，切实推动化工产业技术升级。科研机构与企业开展商业化合作，在研发阶段就应充分考虑化工新材料技术产业化问题，以提高科技成果转化成功率（俞荣建等，2023）。利用好科技成果转化服务机构的作用，系统地解决科技成果转化问题，一方面可以对技术需求进行筛选、评估、排序，另一方面帮助具有核心竞争力的技术项目获得更多的产业政策支持，提高技术项目产业化的抗风险能力，实现精准的、有水平的技术评估与技术转移。

7.1.3 加大与企业合作力度

7.1.3.1 加强新技术共同研发合作

科技资源不集中、科技发展与经济发展不同频的问题，正逐步在我国显现出来，映射到化工新材料领域是科技成果转化难、科技成果产业化价值差的问题，这始终是限制我国该产业突破的"瓶颈"。因此，科研机构应该全面、深入、持续地与产业链化工类企业开展合作，在联合人才培养、核心技术攻关、关键材料创新等方面实现合作，提升技术研发效率和企业生产经营效益。政府也应为产学研合作"搭好台"，营造便于开展合作的政策环境，鼓励校企产学研组织共同承担新技术的研发任务，合理配置优势资源，提高资源利用率；同时也能够分担研发过程中的风险，加快技术创新扩散的步伐。

政府在该发挥资源配置的领域要积极作为，同时也应在需要市场化竞争的领域放权，即在打造多元化协同创新平台时退出主导位置，做好领路人，尝试推行市场化运营的模式，通过竞争机制引入社会力量运营创新平台，设立新的独立的研发实体开展协同创新，培育一个又一个承载着协同创新项目的公司，以现代企业管理制度与体系进行管理决策，减少高校体制性的影响、减少政府部门职能性限制，按照公司股权设计与投资合作协议实现决策权行使与利益分配。从科研回报、积极性保持、公司控制权的角度考虑，高校科研团队应该投资入股，而非仅仅以人员、研发成果技术入股，股权比例也应该考虑超过三分之一。

7.1.3.2　完善合作机制

完善合作运行机制，是使科研机构与企业合作模式创新顺利进行的重要保障。目前很多校企合作存在资金支持力度小、研究内容单一、扩散渠道简单、合作层次低的现象，对于政府来说，需要政府部门在资金和政策上给予支持。政策的积极宣导和氛围营造，能够推动具有化工新材料技术研发能力的高校与具有技术需求的化工企业更快达成合作。校企合作中科研机构也要转变思想观念，改变传统作风，更加积极深入地了解企业的技术需要，以此来改善校企合作的体制和机制，确保合作有序发展。

7.1.3.3　健全合作法律法规

健全科研机构与企业合作的法律法规是科研机构和企业合作更加规范的保障。相对健全的法律法规体系，能够为行业发展制定出发展的基本框架，形成有序的环境。具体可以从以下几个方面着手：加强市场监管，明确准入准出制度，引导开展有序公平市场竞争；明确奖惩考核标准，筛选出有成效的科研合作项目予以奖励支持，对弄虚作假、消极倦怠的项目及时清场；加快监管体系建设进度，建立和完善风险预警机制，动态管理、积极防范可能存在的风险。

7.1.4　提高科技成果转化水平

7.1.4.1　培育高价值专利技术

与国际领先水平对比，我国的专利质量不高，保护水平一般，是阻碍科技成果转化的一大重要因素。科研技术人员往往缺乏体系的知识产权保护意识，从创造、保护到运用中保护范围普遍偏窄，而知识产权中介机构技术水平有限，从而使高校和科研机构专利质量普遍不高。在实践中，由于专利的权利保护有限，第三方经常会通过申请专利无效等程序导致授权专利丧失，致使企业对高校科研院所的专利投资购买兴趣不大。想要培育高价值专利技术，降低低质专利技术阻碍科技成果转化的风险，要从两方面采取措施：一是要增加监管协调环节，设立技术转移监管部门，建立知识产权代理服务机构选择制度，制定评分考核制度，定期进行考评、管理；二是面向科研人员、企业公示代理服务机构的业绩，从专利申请的根源上解决专利质量制约科技成果转化的问题。

7.1.4.2　引进技术经理人

科技成果转化经理人，又称技术经理人，是专门从事科技成果转化工作的从业人员，是需要经过专业培训，掌握必要的投资、法律、产业技术、政策导向等综合知识的专业服务人才，想要高效率地推动高校科研院所的科技成果转化工作，解决转化过程漫长、复杂多变、估价烦琐等难题，就需要引入专业的技术经理人，或者组织技术转移办公室人员进行系统化的培训，培养综合型人才作为技术经理人来推动高校和科研机构的创新成果转化。加强技术转移办公室的能力建设，鼓励高校和科研机构培养和引进相关综合型人才，充分利用市场化资源，与专业的市场化服务机构达成合作，追求双赢、共担风险，共同推进科技成果转化落地。

7.2　提升化工企业创新发展能力

7.2.1　加强化工企业协同创新

化工企业与科研机构、科技中介机构、金融机构、政府在技术协同扩散的过程中受到一种相互作用且具有凝聚力的能力驱动，这种潜在的能力被称作企业的协同能力，这种能力的特点在于不易被他人复制，所以成为化工企业特有的竞争优势。经过上文的实证研究，化工企业协同创新能力对于化工新材料技术协同扩散具有正向的影响作用。在化工新材料技术产业化协同扩散体系中化工企业不能只选择单一类型的技术扩散合作对象，应提高化工企业自身技术创新的关系网络构建和网络关系管理能力来提升和改善与科研机构、科技中介机构、政府和金融机构多元主体合作关系的企业协同能力，使化工新材料技术产业化协同扩散中的多主体成为企业在技术创新和技术扩散过程中不可或缺的技术合作伙伴。

为了提高企业自身的协同能力，化工企业应进一步加强对外开放与合作程度，加强从科研机构和科技中介机构等外部技术创新主体和技术传播主体获取新技术知识的意识，也可以通过参加行业协会或产品展销会以及各类技术培训交流活动与行业内其他企业建立联系和交流。同时，企业要注重提升自身社会形象和企业声誉，提高与外部其他技术扩散主体建立联系与合作的质量和长久性，增加化工企业在技术协同扩散体系中与其他技术扩散主体之间直接联系的次数，如此不仅能够及时获取化工新材料技术创新的最新信息，而且能够减少创新技术的搜寻成本和获取成本，进而使企业保持在行业内的竞争优势，对行业内其他企业产生重要的激励作用，促使其他化工企业提高加强外部联系合作的积极性，进一步推动和增强化工新材料产业的技术扩散和产业竞争优势。

此外，化工企业应与市场消费者保持紧密频繁的联系，加强消费者对企业技术引进和产品创新的参与程度，随时跟踪获取市场消费者对化工新材料产业的需求变化，进而根据消费者的需求及时调整企业的技术创新和产品创新战略，并将市场需求的变化及时反馈给科研机构等相关主体，合作研发新技术。此外，化工企业还应与政府相关部门加强联系，及时获取化工新材料产业发展的最新规定和政策，如政府在提出对化工企业引进新技术实施财政补贴政策，或者政府对新技术生产的环保产品减少税收等相关法规时，化工企业应通过与政府相关政策部门加强联系，及时调整发展规划，及时享受到政府对产业技术发展的优惠政策。

7.2.2　拓宽化工企业技术信息渠道

从上文对化工新材料技术协同扩散体系的仿真研究来看，包括化工企业在内的技术扩散主体之间存在的相互影响关系是推动化工新材料技术扩散的重要推动力。从化工企业微观层面来看，需要实时了解行业内合作伙伴与竞争对手等企业的发展方向，分析其他企业的战略布局和策略信息，学习其中先进的战略规划和发展经验，进而对自身新材料技术创新和技术扩散的发展做出决策。在建立技术扩散关系网络时，化工企业需要增强对关系网络的认知管理，严格筛选掌控技术扩散关系网络中的主体，在建立联系关系之后完善和更新与各主体沟通和交流的方式，创造良好的信息交流氛围，减少在化工新材料技术和知识交流分享过程中的冲突。

在新技术知识共享激励机制方面，化工企业技术扩散关系网络主体应该达成一致，共同制定技术知识共享激励方式，并科学有效地实施，建立技术知识共享和信息沟通渠道，推动技术扩散关系网络主体之间在化工新材料创新技术和知识方面的共享。化工企业与供应商之间的深化分工降低了化工企业与其之间的市场份额竞争，更有利于化工新材料技术的扩散与分享；与合作企业之间的协作关系建立在共同利益的基础上，建立并维护与合作企业之间的关系更有利于化工新材料技术成果在行业内的扩散，并有利于形成企业间协同创新的良好发展局面；而与竞争企业之间的对手关系使化工企业会尽可能地获取竞争对手在新技术引进方面的最新动态和发展规划，据此及时调整企业自身的技术引进和新产品研发生产战略以获取更大的市场份额和收益。总体而言，化工企业应尽快建立和优化与行业内其他利益相关主体之间的关系，促进化工新材料技术在行业内的扩散。

畅通的信息传播和交流沟通渠道是化工企业推动化工新材料技术扩散的必要基础。在化工新材料技术产业化协同扩散过程中，化工企业之间的合作交流，企业与科研机构、科技中介机构的信息互相传递，化工企业对政府出台的相关发展规划和产业政策的及时掌握，以及化工企业获取金融机构资金支持信息等，对新技术扩散都十分关键。通过行业协会和政府支持在化工新材料行业内部建立信息共享平台，促进各技术扩散主体之间在化工新材料技术方面的信息交流和分享，增强信息和技术溢出效应，为化工企业采用或传播化工新材料技术成果提供良好的扩散渠道，避免因信息闭塞或分散导致技术知识等重要资源的浪费，同时也减少化工企业获取新技术的搜寻成本。

构建化工新材料技术协同扩散体系需要参与技术扩散的化工企业、科研机构、科技中介机构、政府部门和金融机构等相关主体共同促进技术知识的传递和共享，可以利用信息技术和网络在技术交易平台实行会员制度，还可以定期举办化工新材料技术知识共享或新材料产品展示等活动，以此来促进化工企业之间的沟通交流，加强化工企业对于消费市场最新需求的掌握，及时更新政府对化工企业新材料技术和新材料产品生产的相关政策信息，并为化工企业采用和引进化工新材料技术提供技术供给者的信息和技术中介服务，帮助化工企业对新技术进行对比选择，为愿意在行业内进行新技术扩散的化工企业提供信息传播和技术转移的创新中介平台。

7.2.3 提高化工企业技术应用水平

化工企业技术应用水平是化工企业的技术知识总量，也是实现化工新材料技术产业化协同扩散的知识保障体系，在化工企业协同扩散能力与化工新材料技术扩散中起到正向推动作用。化工企业应该增强自身的技术应用水平，首先，企业文化应该具备开放性，做到知识共享，营造轻松的工作氛围，打破传统上下级等级森严的观念，使员工具有与企业荣辱与共的使命感。其次，建立激励制度来促进知识共享，为企业内部搭建信息沟通平台，鼓励员工在工作和平台上展开信息交流与合作，通过经验例会等活动促进知识共享，尤其是成熟经验的总结与传播，设立专项奖金去激励乐于共享知识的员工。例如，业务部紧跟客户的需求，研发部直接解决客户的难题，这些信息的汇总、及时分享非常重要。如果业务部能及时共享客户对某一新产品的需求增加，或某一技术成果评价反馈好，研发部就能按照客户的需求提供解决方案并向企业管理者进行汇报，促进化工企业积极引进和采用化工新材料技术（张嘉毅和原长弘，2022）。此外，当市场部门了解到市场中化工新材料产品的种类和数量逐渐增加导致企业在化工新材料产品的市场竞争优势下降时，将该市场信息及时反馈会促进化工企业更新新技术，生产化工新材料产品以获得新的市场收益。最后，对化工企业的技术体系进行优化。化工企业的技术体系包括企业当前拥有的设备、生产规范、技术知识和技术专利等，化工企业技术应用能力的发挥需要技术设备硬件和软件的结合和协调，化工企业在化工新材料产品的生产过程中需要将新技术价值观念植入企业的技术体系，此外还需要购买应用新技术生产的技术设备、制定化工新材料技术生产规范、吸收化工新材料技术知识和引进化工新材料技术专利，需要优秀的技术体系基础支撑这些活动的开展实施，所以化工企业在日常运营生产活动中要不断优化技术应用系统，不断为在生产经营中自我学习、自我提升、自我创新提供技术条件。

7.2.4 加强科技人才培养

7.2.4.1 构建复合型化工新材料科技人才

化工企业技术扩散需要化学、工学、管理学、材料技术、经济管理、基础研究、应用研究、技术开放等领域的化工新材料科技人才。积极培育具有化工新材料技术创新能力的研发团队，聘用敢创新、能落地的优秀高级管理人员，形成多学科、多领域、多层次的复合型科技创新人才，是有效保证化工新材料技术协同扩散成功的基础条件。具体来说，化工新材料企业要根据技术扩散的不同阶段和具体环节的实际需求，充分利用区域内的化工新材料科技人才，整合各新材料类科研院所的科技资源，提高企业新材料技术扩散人才队伍的整体水平。

化工企业要制定一套科学的人才招聘、引进、培养制度，优化人才年龄结构、学历层次结构和职业能力结构，建立轮岗轮训、跟踪考核、畅通晋升、股权激励等制度，防止人才流失；建立人才评价体系，定期评价人才基本素养，增加化工新材料企业高素质人才的数量；根据人才优势安排合适的岗位，满足人才的不同需求，构建协调良好的工作环境，建立健康有序的竞争机制，在化工新材料企业内部宣扬开放的科技创新理念，尊重各个人才不同的科技创新理念，以提高人才的科技创新积极性（梁才，2022）。

7.2.4.2 完善创新人才激励机制

技术扩散的目的是加快产业技术创新发展，创新是产业和企业提高竞争力的关键因素，因此构建和完善创新人才激励机制是企业激励机制的核心内容。由于创新具有风险性，创新收益具有非独占性，所以企业需要给予技术创新者资本激励和参与技术扩散的人员相应的奖励，以此留住更多的人才，实现技术扩散和产品创新的更大发展。在目标定位、需求结构、价值系统和行为模式等方面，技术创新扩散参与人员与其他员工有很大不同，所以可以采用资本激励与知识激励。认可技术创新扩散相关人员是企业重要的人力资本是资本激励的基础，在此基础上可以采用以下激励手段：一是提高技术研发人员的劳动力报酬，即给予研发技术岗位人才高薪资；二是股权激励核心技术员工，使他们能够从技术创新和技术扩散中获得直接利益，激发他们创新的积极性。知识激励是指认可技术创新人员的能力和知识，是企业持续进行技术扩散和产品创新的源泉，因此可采取以下激励方式：一是对科研技术创新扩散人员进行"继续教育"投资，帮助其进修，获取更多的知识和能力；二是为技术创新扩散关键人员提供发展机会和发展空间。通过以上的激励方式，加强技术创新人员积极参与技术创新扩散的动力，进而提高化工企业技术扩散和产品创新能力的发展水平。

7.2.5　建立化工企业技术扩散风险补偿机制

化工新材料产业属于知识技术密集型产业，技术研发具有较大的风险，这在一定程度上降低了化工企业和科研机构对化工新材料技术研发创新的积极性。对此，可以建立针对化工企业技术创新扩散的风险补偿机制，其主要目的是：第一，基于现有的企业技术创新扩散资助补偿方式，构建从资金来源、资金运作到补偿实施完整的技术创新扩散风险补偿制度；第二，通过建立风险补偿制度提高企业技术创新扩散风险的防范能力，实现风险补偿制度的支撑、监督和补偿三项职能一体化。

风险补偿的资金来源是风险补偿机制持续高效运行的关键，长期依靠政府的直接拨款不利于风险补偿机制的持续运作和发展，因此必须构建科学可行的资金运作制度，降低政府风险补偿成本。企业技术创新扩散风险补偿机制的资金运作是以基金制度为基础，通过资本运作和税收转增的方式实现资金的运作。

7.3 提升科技中介机构服务能力

7.3.1 构建适宜的发展环境

7.3.1.1 加强中介机构监管力度

第一，营造公平竞争的市场环境。科技中介服务机构往往是地域性、本地化的，这就侧面体现了目前市场上主要的不正当竞争情况：一种是部分科技服务机构本身就是刚与政府部门"脱钩"的社团组织、事业单位，很多的科技服务业务因为"合作惯性"没有通过市场化竞争而被保留在这些机构手中；另一种表现为本地化的机构在地区相关主管部门处完成了相关业务备案，地区奉行保护主义，不给外地机构进入市场的机会。政府需要减少对市场的干预，给予各类科技服务机构公平公开的竞争机会。开放本地市场，择优聘用，而非一味地依靠地区保护，消除人为设立的区域贸易壁垒，建设统一开放大市场。

第二，建立科技中介机构市场准入制度和从业人员执业资格认定制度。建立相应的执业资格认定制度，审查科技中介机构的知识基础、专业技能和道德素养是否达到较高的水平，是否符合市场要求。建立科学合理的标准体系来评估科技中介机构是否符合市场准入标准。在从业人员执业资格认定制度方面，目前行业进入门槛低，行业内大量机构和人员相应能力不足，中介市场存在低层次竞争、混乱无序的问题。因此，要实行从业人员实名制，建立信用档案，按照岗前培训、上岗测试、定期考核、定期培训、资质年审、行为规范学习、投诉处理等体系化管理，来补充中介市场资格认证制度的缺失。此外，科技中介行业需要严格、统一、公正、公开的市场准入制度。除政府技术监管部门要加强对科技中介机构的资质审查外，还需要政府劳动部门对从业人员从知识基础、专业技能和道德素养等方面进行职业资格认定，通过审查这两方面的内容确保证科技中介行业的整体素质和服务能力。

7.3.1.2　强化行业职业道德建设

相比较国际先进经验，我国科技中介机构还有较大的进步空间，尤其是在职业自律、服务评价、服务规范、合作方式等方面的表现；国外是通过行业协会进行规范管理，行业协会发挥着独一无二的作用。协助、推动行业协会成立，并通过跟进指导的方式帮助行业协会逐步建立起自我管理、自我监督、自我协调、自我服务的制度与机制，从而实现行业的自律。

一是通过行业协会来加强联系。行业协会的重要职能就是联络沟通，应该充分发挥行业协会在机构间的纽带作用，通过定期培训、内部报告、制定团体标准等方式增进交流沟通与学习，分享先进经验，总结不足与教训，实现行业整体的共赢与发展。

二是重视信誉评价与管理，形成评价管理体系。信誉评价的原则是自愿参加和公平、公正、公开，不得以营利为目的。科技中介机构的信誉评分人应该是服务的用户，应该引进科学的评价体系、工作方法、评价程序，综合考虑机构的内部管理情况、业务情况、服务团队、满意度、社会影响力等要素进行客观评价，关注服务质量与服务体验，形成文字报告，并及时面向社会公众公布。

三是引导、弘扬职业道德精神。科技服务机构归根结底是一个服务行业，而且是提供专业技术相关的专业服务，应该参考已有的专业服务行业如律师行业、会计行业，重视从业人员、从业机构职业道德规范的建立与弘扬。例如，美国的科技咨询师行业，咨询师其本身是独立的、专业的，只能接受公司所能及的工作、为客户服务，诚实守信、不得过度自我宣传等。参照国外的成熟经验，结合国内行业发展的情况，可由政府出面推动，逐步建立科技服务行业的行业行为规范和从业人员准则（张鹏，2020）。

四是树立品牌意识。为开展专业化信息服务，充分收集、分析市场信息，对技术咨询、技术经济、技术评估等企业科技创新全过程提供综合性服务。树立良好的品牌形象需要不断创新服务方式和手段，提高核心竞争力，最终满足企业成果转化需求。

7.3.1.3 健全行业法律法规

行业的长足发展离不开规范，科技中介服务市场发展不完善，相关的规范也尚未建立健全，因此，需要不断完善法律法规，从设立、运转、融资到服务都有规可循、有法可依，促进行业的健康快速发展。

首先，需要明确科技中介机构的法律主体地位。普遍认为我国科技中介机构的法律主体地位可从《中华人民共和国中小企业促进法》得知，但这样的界定存在局限性，其只涵盖了民营、营利性的科技中介机构，对其他类型机构并不适用。实际上，我国多数科技中介机构多有国资背景或事业单位背景，民营的只占少数，由此可知我国现行法规并不能完全明确所有科技中介机构的主体地位。针对此现状，需要出台相应的法律法规，明确不同类型科技中介机构的法律主体地位，明确界定科技中介机构的权利和义务，进而促进业务开展。

其次，针对不同性质的科技服务机构的存在，可以参考国外经验，分类制定法规进行规范。目前，有些地区已有分类制定法规来规范科技中介机构的情况，但由于缺乏统一的协调与沟通，不同地区之间的法规可能存在较大差异或者冲突，这更加剧了地区市场保护主义，因而，国家级别的行业协会应该积极推动国家层面的规范、国家标准的制定。

7.3.2 拓宽机构融资渠道

资本的流入，意味着资源、人才、技术的流入，对于科技中介机构而言亦是如此。我国科技中介机构与其他中小企业一样面临着融资困难的问题，要想解决融资问题必须要拓宽融资渠道。第一，需要政府加大财政支持力度，通过政策倾斜、政策补贴、税收优惠等方式帮助科技中介机构解决融资困局。第二，需要银行等金融机构放宽贷款条件提供贷款，使科技中介机构对自身发展积极对待。拓宽融资渠道，引入民间资本，加大国家资金投入，使融资渠道体系更多层次、立体化、全方位发展，进而促进科技中介行业发展，加快科技成果转化。

7.3.2.1 完善化工新材料产业投资环境

加快完善鼓励化工新材料产业投融资的政策和法规体系，政府产业部门和金融部门联合制定和出台新材料产业发展指导目录和投资指南，建立相关的技术标准体系，加快出台混合所有制企业改革的政策，鼓励民营资本投资新材料产业，积极营造和完善新材料科技创新、投融资等政策法规的整体环境，完善产业链、创新链、资金链，引导金融机构和投资机构加大对化工新材料产业尤其是引进新技术的行业和企业的投资力度。同时，遵循"谁投资、谁负责"的原则，加强对各类资本投资回报率的监管；突出国家对化工新材料行业关键新技术的聚焦支持，防止出现"投资碎片化"，集中金融力量推动新技术的产业化应用，加快培育和塑造我国重点化工新材料产品。

7.3.2.2 建立健全投融资信息平台

平台的价值在于为供需双方提供信息交互、交易链接的场所，为科技中介机构打开融资渠道提供服务，而我国基础平台建设水平远远不够，所以建立健全投融资信息平台非常重要。建立网络数据库，记录化工企业融资需求信息、投资需求、企业创新信息、企业资信评级、科研成果、市场信息等投融资基本信息；建立互联网通道，借助互联网技术线上实现化工新材料新技术研发信息的实时发布、互动；建立估值体系，为投融资双方估值议价提供科学依据；建立人力资源信息库，方便人才聘用与交流。对于优质化工企业，还可以组织专业团队入场，提供财务顾问综合服务，避免企业创始人由于管理经验缺乏而发展不良的现象。

7.3.3 构建多层次服务体系

我国科技中介服务体系的结构包含三个方面：第一，从业务上分类，是指不同业务种类的科技中介服务机构形成的结构体系；第二，从区域等级上分类，是指因经济区域等级不同的科技中介服务机构形成的结构体系；第三，从机构性质上分类，是指不同性质的科技中介服务机构形成的结构体系。

7.3.3.1 丰富服务业务类型

从业务层面来说，我国科技中介机构存在较大差异。从服务对象和业务内容角度来看，科技中介机构分为创业服务类、创新服务类、成果交易类。针对区域经济中的中小企业创新、技术商品交易以及科技企业创业这些活动，不同类型的科技中介机构为其行为主体遇到的困难提供服务。据此，多层次的科技中介服务体系，需要具备服务种类齐全、服务功能完善的特点。从经济区域层面来说，区域经济发展进度不同，因而对科技中介机构有不同的需求。经济欠发达地区的主要问题是中小企业创新障碍，创新创业要素少，科研水平低，成果交易不活跃，政府应该增加投入引导中小企业创新服务类、创业服务类服务机构发展。通过企业走访调研，摸清科技服务需求，引入外地专家咨询论证，制定科技服务行业指南和有针对性的政策。

7.3.3.2 丰富多区域服务体系

由于政府在我国科技中介服务体系形成中起到了至关重要的作用，我国科技中介服务体系呈现出行政等级较强的特点，想要优化提升，必须考虑这一特点。比较好的解决方案，可以在行政区划等级基础上，另外挖掘特色产业中心、专项技术中心，与产业链条上的大企业合作建设科技服务示范基地，建立激励机制，使企业科技服务平台向产业、社会开放服务。市级科技中介服务机构主要服务市内主导产业，整合产业资源。省级科技中介服务机构应该具有更专业的技术能力和服务能力，在服务省内主导产业的基础上，覆盖全省的重点企业、战略性新兴产业等。通过规划科技中介等级结构、统筹科技资源分配，形成合理的科技中介服务体系。

7.3.3.3 丰富运营主体体系

我国科技中介机构从所有制和运营主体区分，可分为以下四类。第一类是事业单位；第二类是准事业单位，有编制，但不完全是财政拨款，还有一部分自筹资金，或是从原先事业单位改制而来的；第三类是科研院所，这类往往是依托高校及科研机构成立的下属单位；第四类是商业性服务机构，性质上是完全由社会力量设立的中介机构，以营利为目的。在运营主体、所有制性质、主要服务对象和运营模式四种形式上，每种机构都存在较大差异，四种机构在服务企业创新方面缺一不可。受经济体制的影响，我国科技中介机构以事业单位、准事业单位形式居多，增加依托高校设立的科研院所、商业化经营的服务机构，是优化丰富运营主体体系的不二选择。

7.3.4 健全科技中介机构服务体系

化工新材料技术协同扩散过程是一个复杂的扩散过程，有多个环节，科技中介机构作为重要的市场主体，会直接影响协同扩散的效率，技术扩散需要科技中介机构提供规划、汇总、协助执行的服务。科技中介机构作为技术扩散过程中的第三方，在创新技术扩散者与技术采用者双方出现沟通问题时，可以负责信息传递和缓解矛盾，促进双方达成合作意向。科技中介机构可搭建产权交易对接平台，开展企业技术咨询服务，有效地解决了科技成果转化中技术实现市场化、产业化的难题。为了促进技术产业化发展，从建设全面的科技中介机构类型、制定配套的规范制度、拥有全面的服务能力入手，建立健全化工新材料产业的科技中介服务体系。

技术协同扩散服务是系统、全面的服务。中介机构服务体系中服务质量评定体系需要科学合理、完善的科技中介机构运行管理机制；建立查询制度和信誉评价体系，将信用度、服务能力和专业知识展现在大众面前，实现全透明公开，才能更好地服务用户。健全中介机构服务体系，真正地支持高校、科研机构和企业实现技术成果转化，方可达到提高成果转化率的目的。

7.4 提升政府支持能力

7.4.1 明确政府在技术扩散中的定位

技术扩散是市场需求与政府引导共同作用的结果。无论是发展中经济体还是发达经济体，政府都会定期颁布大力鼓励科技成果转化的系列政策。我国政府在宏观调控上的优势更为突出，政府是推动技术扩散至关重要的力量，我们应该始终坚持这一认识，并重视这一认识：充分发挥政府在科技成果转化中的主体作用，维持公平有序的扩散竞争秩序；充分发挥政府的战略引导作用，在区域科技成果转化工作中，科学决策、因势利导；充分发挥政府在市场调节失灵时行政引导的重要作用，通过税收优惠、财政补贴等方式激励企业、科研机构等扩散主体开展创新活动，对社会资本关注较少的基础学科、前沿技术领域进行财政支持；充分发挥政府建设基础设施的作用，提高在化工用地规划、产业园建设、交易市场初期建立等方面的基础建设能力；充分发挥政府公共服务的职能，为建立化工新材料技术扩散提供保障与支持。

由于市场机制无法解决技术扩散的外部性问题，在科技资源配置等方面市场存在极大的效率损失，所以必须要政府参与到技术协同扩散体系建设中，以解决资源配置的问题。实践中政府的调控作用多通过财政补贴形式出现，这对于科技成果转化作用非凡。此外，应该合理规划政府财政科技支出结构，适度加大政府科技财政支出规模；加大对企业引进新技术的支持力度也尤为重要，带动技术扩散主体扩散水平的提升。政府对企业进行新技术财政补贴支持更能够促进区域技术协同扩散效率提升，因此应当适度加强政府财政补贴，发挥政府科技财政支出对各技术扩散主体在研发支出和技术服务的挤入效应，促进扩散主体研发和服务水平的提升。

政府补贴的实际成效、支出方式也应该得到优化。

（1）持续增加科技性投入，保持高于一般性投入的增长率。建立并保持住科技性投入的领先地位，以财政投入推动关键领域的技术研发、基础平台搭建，引领重点领域技术升级与扩散。

（2）市场化、多元化地开展财政科研投入。通过有偿使用、回收等方式，提高政府科研经费的市场化运营效率，使政府的研发投入支持更"实"，更有结果；通过引入知识产权证券化、专项可转债等多种金融融资工具，使政府的研发投入更加多元、灵活，直接支持基础科研项目、专项支持大型基础科研项目、证券化支持预见性强的科研项目，从而真正以财政科技投入，激活科研项目的竞争力。

（3）形成科学的财政科技投入决策机制。应该针对前期研发投入相对较小但创新度、领先度高的项目建立一套单独的财政支持投入的决策机制，以使科技型中小型企业或单位都能获得关注和支持，避免因阶段性规模体量小、阶段性融资能力弱的因素导致好的科技项目得不到投入。

（4）重视科技成果实际产出，改变科技成果评价侧重点。相较于国际领先经验，我国在评价科技成果时，过于关注科研经费上的财政投入，忽视了对科技成果实际产出效果的评价，并且科技成果的应用价值与效果缺乏科学评价体系。在科技创新成果考核实践中，考核指标往往关注的是专利技术的授权数量或者核心期刊论文的发表数量，而非实际创造的经济价值、社会价值，以及形成的产业链效应。应该改变现有的科技成果评价侧重，增加对成果实际应用价值、效应的评价，从而为财政支持投入的侧重与方向上给出决策参考。

除此之外，政府应当区别性地关注具有科技创新潜力、良好发展前景的小型企业，而非一味地以规模论、生产效率论，通过补贴来引导这些企业提升全要素生产效率，逐步扩大规模，形成竞争优势。实施过程中，应该注意甄别和判断，避免被人为制造的假象迷惑。政府补贴应该重点支持企业的技术研发，解决企业研发持续投入难度大、规模大的难题。在政策落实时，务必注意补贴政策信息宣传广泛，简单易懂；务必注意进行补贴发放验收，严惩弄虚作假行为；务必避免区别对待民营与国资企业，应该建立公开透明的竞争机制，严格评估所有申报企业，分析其是否符合补贴政策，能否起到推动宏观经济创新发展的作用，结合技术创新性、战略性产业的地位、发展潜力等要素进行综合判断。

7.4.2　建立区域技术协同扩散体系

由国家部门牵头，组成"化工新材料技术创新和技术产业化协同扩散小组"，专项整合化工新材料产业协同扩散资源，进行产业的合理化分工和扩散主体创新合作，对化工新材料技术创新和产业化进行监督、协调和管理。建立区域产业技术协同扩散体系，按照科技资源的分配进行产业分工，对区域内的产业结构进行优化，形成竞争与合作并存的良性市场环境。

化工新材料技术扩散系统中包含各类扩散主体，如科研机构、科技中介机构、化工企业等，各个主体在区域技术扩散中担任不同的角色，各自发挥着重要的作用。加强不同主体之间的扩散合作，有利于各扩散主体之间协作互助，提高地区产业创新水平。要考虑到各技术扩散主体在技术研发、创新投入能力和技术偏好等方面存在不同的优劣势，导致其在技术扩散过程中面临不同的技术扩散激励和约束，影响彼此之间的技术扩散合作。为此，政府需要积极主动参与到技术协同扩散里面去，平衡各方利益，促进各主体合作。例如，对于投资额大、研发周期长的基础技术领域，基础研究与共性知识开发活动面临较大的资金缺口，政府的支持政策就应该及时发挥作用。政府以财政支持的形式参与科研机构等主体的科技创新活动，强化基础研究能力。从整体上而言，政府通过增加财政在科技方面的投入，能有力地解决产学研科技成果转化体系的运转问题。例如，我国政府在新能源发电、高铁交通等高端领域的主导作用，直接推动了某一领域产业技术水平的提高，这也是政府参与产业新技术协同扩散的直接体现。

在一般经济活动中，市场对提高资源配置效率和有效利用具有决定性作用，但是在科技创新活动中，知识和新技术具有较强的流动性，极易被模仿和窃取。因此，在科技创新中应重点发挥政府对资源配置的重要作用，加强对产业创新活动和创新技术的保护，为科研工作者、科技中介服务者和企业家提供公平、公正的环境参与科技研发、科技创新，得到对科研创新付出的平等回报。政府应主动构建高效率的资源分配机制，激励科研工作者对新技术研发和创新的热情，保障企业家对引进新技术的信心，这是当前中国科技创新支撑引领新发展格局、激发科研主体创新动力的关键工作。一个能够促进科研机构积极研发、企业公平竞争的产业环境是能够激发和保护科研机构和企业创新精神的良好市场创新环境。建设这样一种良好的创新环境，要做到切实维护科研创新相关主体的相关权益，必须从根本上维护市场发展规律，同时还需要推动公平公正的市场机制和知识产权保护制度的落实，确立竞争性政策和鼓励性政策在科技创新中的基础地位，促进各类所有制经济体在机会平等、权利平等的市场创新环境中参与科技创新活动，保障科技创新主体能够依法平等使用科技创新资源、公平公正参与科技创新活动，平等地享有法律保护。

此外，要激发各类科技创新主体的创新活力，最关键的是构建完整有效的知识产权保护制度，保障科技创新主体在科技活动中的合法权益和知识产权。完善的知识产权保护制度可以促使科研机构、科技中介机构和企业将更多的科技资源和资本投入新技术研发创新工作中，促进地区各类资源为科技创新活动服务；反之，知识产权保护制度欠缺则会抑制各科技创新主体研发的积极性，导致资源闲置和浪费。因此，政府对新技术的知识产权保护制度越全面完善，就越能够促进区域创新活动的繁荣，这样一来，不仅能够降低新技术知识在研发和扩散过程中可能会发生的模仿和偷窃等潜在风险，提高科研创新活动的市场预期收益，同时还能推动潜在的科技创新和技术扩散主体参与科技创新活动，将更多的科技资源投入新技术的研发和扩散的生产活动。由此可见，政府通过发挥自身职能，制定完善全面的知识产权制度，能够保障技术创新和扩散主体的合法利益，有效激发和保护地区科技创新精神，激发创新活力，提高化工新材料技术的研发水平。

7.4.3 制定产业创新发展规划

产业发展规划是地区优化产业资源配置、培育产业竞争力、提升经济实力的重要战略。政府制定产业发展规划，本质上就是在发挥宏观调控的作用，以最行之有效的恰当方式，直接引领产业内和社会的科技创新资源实现最优化分配和利用，确保该地区能够有条不紊地进行新技术的创新研发活动，进而提升区域内产业新技术的创新水平。

制定产业发展规划的第一点，坚持集约、高效原则。产业创新规划不是在产业发展的经济活动中自发形成的，它需要政府结合区域自身优势、发展潜力和产业基础等方面提前规划，以此便于政府引导和监督区域产业在宏观和微观层面的执行和取得成效的相关情况。以政府为主导制定的区域产业发展规划能够高效率地引导科技创新资源配置。第二点，产业创新发展规划有利于各方科技创新主体和技术扩散主体之间的利益协调，推动其主动进行新技术研发扩散合作。产业发展规划是在明确地区经济发展战略的基础之上制定的，产业规划有利于区域创新主体达成共识，确保地区科技创新发展目标统一性、科学性和实践性；能够避免地区产业内部技术创新主体之间、不同产业之间创新要素和不同地区产业布局的矛盾和不当竞争，减少科技创新资源的浪费，促进各方创新主体加强相互之间的学习与合作，实现地区产业发展目标。第三点，制定产业发展规划有利于保障发展预期，提高新技术创新主体和扩散主体对科研创新活动的热情和活力。政府在制定产业发展规划的同时，必然会不断完善区域内科技创新发展的顶层设计，以确保科研机构、科技中介机构和企业的合法利益，有利于稳定科技研发者、科技中介服务者和企业领导者对新技术创新的良好预期，增强其科技创新投入的信心，保障区域内新技术研发和扩散工作的顺利实施。第四点，产业创新发展规划以及为其服务而制定的各项产业政策，有利于完善规划地区优势产业布局，推动优势产业集聚，为地区产业创新发展提供良好的产业环境和基础设施。国家重视新材料产业的发展，通过构建军民融合、产学研用等产业体系，推动地区发展国家战略领域急需的新材料技术，形成地区新材料产业集聚，有效聚集和利用区域内各类科技创新资源，发挥了科技资源和科技主体的规模效应，提高了产业技术创新水平。

　　围绕整个化工新材料产业链条，整合产业内创新要素，以技术创新驱动产业创新，提高资源流转速率。

7.4.4 建设良好的基础设施

良好基础设施是技术创新活动的保障，政府是基础设施建设的主体，发挥政府作用做好基础设施建设有利于保障技术创新活动的顺利开展。建设功能完备、链条齐全的创业创新园区，能有效地突破技术与知识要素在区域内流通的时间、空间障碍，加快区域内以及不同区域之间科技创新要素的流动速度，有利于增强知识和新技术的溢出效应和共享效应；同时也能增强科技创新主体获取知识和学习新方法的能力，进一步提高地区科技创新水平。政府要加快地区内信息网络设施建设，有效降低技术创新和技术扩散过程中存在的信息不对称行为，加快技术创新成果交易和转化水平。此外，政府要积极参与地区新材料产业开发区、高新科技园区、科技孵化器和技术调适熟化平台建设过程，为化工新材料技术成果研发、扩散和转化创造良好的基础设施环境。政府要重视基础设施建设，加大投入，为新技术协同扩散活动提供良好的基础设施条件。与此同时，政府要加快产业创新环境建设，通过税收政策和产业补贴等有效手段，吸引地区科技创新要素汇集，发挥各类创新要素的虹吸效应和规模效应，打造有利于化工新材料技术产业集聚，提高产业科技创新活动效率的基础产业环境。

技术协同扩散离不开政府的公共服务，在一定程度上，优质与否的公共服务直接影响了技术创新、技术转移的效率，而公共服务的责任主体只能是政府，这是政府直接参与技术协同扩散的重要途径。创新主体开展创新活动过程中，政府可以通过公共服务营造良好的环境与氛围，例如，通过加强知识产权保护建设提升科研主体研发的积极性与主动性。政府可以通过理顺与简化办事流程，减少创新主体的不必要行政消耗与程序低效运转，从而大大提高创新主体的创新效率。政府可以支持科教文卫事业发展，打造优越的科教环境，为技术创新培养人才储备动力。由此可知，政府的公共服务直接影响技术创新与技术转移，不断完善优化公共服务，能提高技术创新效率，推动技术转移落地，培养与吸引更多技术创新人才。

政府应该关注产学研合作的构建与规范，一方面进行政策性支持，引导和支持产学研合作的建立；另一方面进行政策性规范，推动建立科学的合作运转机制，使科研院所与企业的合作实现双赢，并有风险承担能力，长期持续且有成效。探索设立科技成果转化专项奖励，吸引更多技术、资金、资源要素融入技术扩散过程，让新技术真正成为化工新材料产业的有力竞争武器。

7.5 提升金融资金支持能力

7.5.1 完善商业银行支持机制

7.5.1.1 加快完善商业银行支持机制

商业性金融机构主要包括各类商业银行和非银行金融机构等，在企业科技创新成果转化过程中商业银行的金融服务支持起到了重要作用。因此，需要不断提高商业银行金融服务的能力，从思想意识上着手，不断丰富完善服务内容，具体可以按照如下思路开展：

一是树立创新服务意识。首先，商业银行应该坚持按照统一的标准进行筛选和审核，平等对待不同类型、不同性质的客户，提供标准化的优质金融服务，支持技术协同扩散。其次，始终提供创新化服务，中小型企业技术创新及成果转化融资等需求各不相同，商业银行应该针对不同企业制定相应的金融服务策略，最大限度地提供高品质金融服务。最后，商业银行应该保持革新意识，深入调研客户需求，汇聚服务资源，在标准化、一致性的基础上，有针对性地解决个案客户具体的科技成果转化难题，提高在技术创新性和发展前景上表现良好的企业的信用贷款等级。

二是完善创新服务内容。商业银行可以借助行业专家的专业知识，为中小型企业客户提供咨询服务，可以从技术领先性、产业政策前景、企业综合竞争力等方面着眼，进行评估咨询；再结合企业需求定制服务条款，一方面避免"金融不懂技术"，另一方面切实解决企业在科技成果转化中的具体困难，科学防控风险，尽职调查，逐步形成机制，有针对性地加大创新企业贷款的授信规模，提升对其不良贷款风险的容忍度。对中小型企业的融资，商业银行可以与商业性担保公司一同开展担保服务，可以更好地为企业技术创新及成果转化提供服务。

7.5.1.2 创新商业银行信贷机制

中国银行业市场仍然有集中度高的问题，这就会导致企业贷款可能性降低、平均成本拉高等问题，进而导致企业贷款难。我国的银行体系以国有银行为主导，市场集中度过高，可能存在垄断经营的现象，这可能导致信贷资源的无效配置，让化工新材料产业中的技术创新企业从银行获取贷款等金融支持变得很难。要想提高对化工新材料产业科技创新及成果转化发展的支持效率，需要创新和完善商业银行信贷机制和设立专门的银行。

一是商业银行应多了解产业特点，从全面掌握信贷主体的情况角度，完善现有信贷机制，响应号召，逐步加大对化工新材料产业发展的支持力度。化工新材料产业发展初期资金紧缺，信贷机制优化对于解决这些问题有积极作用。例如，针对初期企业发展情况，设立专项贷款产品，提供更加专业化的金融服务；探索建设适合化工新材料产业特点的风险评估机制、风险分担机制和市场反馈机制等。

二是鼓励银行提供有针对性的贷款。化工新材料产业领域的企业多为中小型科技企业，创新技术高风险、高投入的特点致使它们从银行获取贷款困难。银行等金融机构应完善信贷机制，目前，在政府的推动下，各地纷纷通过成立科技银行，打破垄断，降低集中度，这既能优化金融机构间分工协作，提升服务效率，又能真正地解决化工新材料产业的资金紧缺困难。

7.5.2 完善资本市场支持机制

资本市场的发展程度也能直接体现一个地区金融服务机构是否完善，是否能协调匹配技术扩散转移的需求。科技创新企业，一般存在风险高、资产少、管理混乱的问题，自身的融资约束条件较多，需要完善的资本市场来拓宽企业的融资渠道、丰富企业的融资方式。

中小型科技创新企业若要有效地利用资本市场进行融资，必须按照自身发展水平合理地选择细分的资本市场。在企业发展前期融资目标市场首选"场外市场"，步入成熟期后可以开始选择"场内市场"，只要是能在资本市场挂牌，企业就能得到专业团队的服务、融资的通道。资本市场对中小型科技创新企业的支持机制包括以下四个方面：其一，资本市场使企业获取科技创新资金变得容易，提供了良好的融资渠道，可吸引大批风险投资公司入股，激励商业银行为其提供优质的间接金融服务如股权质量贷款等，起到了推动企业技术创新及成果转化的作用，是风险投资通常选择的方式。其二，资本市场可以促进中小型科技创新企业完善企业治理结构，健全企业内部管理制度，为企业进行技术创新及成果转化提供了企业制度保障，尤其是风险投资的入驻也能改善企业股权结构，并规范企业的管理运营。其三，资本市场规定合理价格，便于科技创新企业获得其他企业的先进技术成果和相关成果转化经验，促进企业发展。其四，科技创新企业进入资本市场后知名度会明显提高，"榜上有名"可以进一步吸引相关领域专业人才，实现新一轮的人才储备。不断完善资本市场促进金融资本与技术资本的融合，提升了企业技术创新能力和成果转化能力，进一步提升了企业竞争力，引领化工新材料产业发展（易宪容，2020）。

新技术创新扩散，一般是需要长期持续的投入，还存在较大的不确定性、技术复杂、市场前景不明等劣势。大多数科技创新企业存在管理不完善、自身规模小、风险控制能力不足等问题，融资都是要面临高利息的风险补偿，所以在金融市场企业不容易得到融资，因此打击了企业技术创新的积极性。目前，我国金融产业整体发展水平不高，金融机构对用款企业监控不足，如挪用专项科技贷资金、创业不确定性高、产业化进程难等风险很容易最终落到金融机构身上，造成金融主体出现金融风险，降低金融机构对企业的信任度。针对这些问题，可考虑尝试科技贷保险的措施，为科技创业企业贷款实施提供保障，应该从如下三方面进行：

第一，开发科技贷保险服务体系。吸引保险公司进入科技创新金融服务中，引导支持开发科技贷保险服务产品，以进一步保障企业科技成果转化；根据企业发展情况，逐步增加品类和形式；积极引导企业、金融机构参与保险设计工作，预判企业科技创新的潜在风险。第二，建立和完善民营企业风险控制体系及相应的风险预警制度，降低企业研发风险，引入外部科技管理专家参与对企业科技创新评审、风险监控、风险处理等。第三，建立规范的企业科技创新信息披露制度。企业内部科技创新研发内容对保险机构适当公开，降低保险机构信息获取不及时而产生的交易成本，使保险机构对企业科技创新的风险进行把控，提升保险服务市场的运行效率。

7.5.3 积极引导风险资本投资

一是利用好"场外资本市场"，打通新材料产业的支持通道。"场外资本市场"是我国多层次资本市场的重要组成部分，也是在区域内解决科技企业融资难的重要举措，但近年来，发展一直不理想，所以应该加强"场外资本市场"建设，为企业提供其他证券化融资服务和股票交易场所，构建完善多层次的资本市场。

二是完善现有股票市场体系，将创新资源向化工新材料产业倾斜。目前，股票市场的审批体制是以业绩为基础，政府应该引导股票市场的审批体制转向以信息披露为基础，制定并完善股票市场法律法规，升级金融基础设施，做到会计和审计程序的公开透明。在充分考虑中小型创新技术企业风险因素后，放宽财务、税收等条件要求，适度降低上市门槛，强化监管与持续督导，让科技核心技术领先的化工新材料企业挂牌上市，进而让它们获得更多的金融支持。

7.5.4 推动金融资本与产业资本融合

7.5.4.1 加强金融产业结构监管

金融和资本可以强势推动产业发展，产业发展反过来促进金融和资本的发展，它们互相促进、相互需求。将资本引入产业，既有巨大机遇，也存在着各种风险，过度追求资本可能会导致行业企业过度"务虚"、过度关注"把故事讲好"而忽略真实的运营管理，长此以往就会出现金融风险；而且，产业发展与金融市场受各种因素的影响也存在一定的波动，这样的波动同样会直接影响产融融合，尤其是对于集团企业而言，产融融合可能就意味着存在子母公司之间的关联交易风险增强、资本在不同主体不同环节中间重复计算的风险增强，这样的风险对于金融监管而言是很难被及时发现的，很容易导致坏账，冲击现有金融体系。综合考虑上述风险，应该在加强内部交易披露、监督子母公司并表、股权清晰审查等方面开展监管。这样无论是从金融资源的有效配置、自身主业服务及人才集中都有显著的优势。

政府应完善协同监管机制。要想使产融融合走得更健康、更长远，政府应该逐步完善协同监管机制，以原有的"一行两会"老监管框架为基础，进一步强化监管主体的部际协同，形成信息及时互通共享、决策互相配合支持的沟通、协调机制；加快修订相关法规制度，完善协同监管机制。

7.5.4.2 提高金融产业深度融合

随着经济全球化趋势，企业对金融服务的需求也不断在增加，产融融合符合产业发展趋势，有利于企业的发展。一方面，金融产业的持续发展使很多企业在金融市场上也拥有多元化业务板块，提高了企业效益。另一方面，金融产业的发展整合了企业内部的金融资源，为提高主业竞争力提供金融服务。

但国内产融融合近年来才开始受到重视，金融机构未推出足够针对企业发展、具备特色化和个性化的金融服务，目前产融融合偏向追求短期的经济效益，企业及金融机构都忽视了产融融合的长远发展，没有实现真正的产融融合。之前在产融融合中会更注重如银行等金融资本，对企业过于忽视也是我国产融融合发展情况较差的原因之一，要想深化产融融合必须"栽培"核心企业。要想使企业在产融融合中发挥重要作用，需要政府在产融融合的过程中制定宏观政策，同时需要企业从盲目追求规模扩张的思想中脱离出来。为了促进产融融合的发展，从经济学方面考虑科技创新企业应当正确处理产业资本与金融资本之间的关系，以核心业务为基础选择符合自身发展特色的、个性化的产融融合方式，借助产融融合的优势带动自身产业发展。

7.5.4.3 加强金融创新

当今社会，创新是发展的必由之路。产融融合不仅要从产业资本层面进行创新，同样需要对金融资本方面进行创新。目前，我国金融市场远远达不到发达经济体的发展水平，且国内不同区域间金融市场发展水平也不平均，金融市场不完善导致企业存在期限错配现象，如"短贷长投"等问题，商业银行需要金融创新，加大金融人才的培养，才能真正实现产融融合。

企业应当提高资本运作效率，加强资金运作能力。推进产融融合要求企业完善内部治理结构、整合企业资源，可以通过资产重组、企业并购等手段优化资源配置，与金融机构加强合作改善其内部资本结构，实现企业资源整合。

7.6 本章小结

本章从加快技术协同扩散体系角度出发，提出要加快培育技术协同扩散各主体的能力。科研机构创新能力提升主要包括完善科技资源配置管理、加强科研人员资源建设、加强新技术创新研发、推进科技平台建设、优化学科互动机制、加强与企业合作力度、加强双方新技术共同研发合作、完善合作机制、提高技术成果转化水平、培育高价值专利技术、适时引进技术经理人；科技中介机构服务能力提升包括构建适宜的发展环境、加强中介机构监管力度、强化行业职业道德建设、加强人才队伍建设、拓宽机构融资渠道、促进风险资本与技术结合、建立健全投融资信息平台、构建多层次服务体系、健全科技中介机构服务体系、增强政府购买中介服务；化工企业创新发展能力提升主要包括提升企业协同创新能力、拓宽企业获取科技信息渠道、提升企业技术应用水平、加强企业科技人才培养、培育企业家精神、培养复合型化工新材料科技人才、建立企业技术扩散风险补偿机制、建设学习型组织；政府服务能力提升主要包括明确政府在技术扩散中的定位、建立区域技术协同扩散体系、构建良好的技术扩散环境、制定产业创新发展规划、建设良好的产业基础设施、为扩散主体提供科技创新公共服务、鼓励企业加强技术创新、规范政府自身参与技术扩散行为；金融机构支持能力提升包括完善银行支持机制、创新商业银行信贷机制、完善资本市场支持机制、积极引导风险资本投资等。

8　研究结论与展望

8.1　研究结论

本书通过研究化工新材料技术产业化潜力评价和技术产业化协同扩散机制的问题，得出主要研究结论如下：

第一，从技术供给方、技术需求方、技术产业化条件、技术预期效益和技术外部环境五个方面构建的技术产业化潜力评级指标体系，并利用相关领域专家打分和层次分析法计算评价分数，能够较为准确地判断化工新材料技术的产业化潜力。

第二，科研机构创新能力是促进化工新材料技术产业化协同扩散的重要因素。科研机构创新能力越强，新技术的创新和研发速度越快，由此加快了技术协同扩散的源头。

第三，化工企业的发展能力是化工新材料技术产业化协同扩散的重要推动力。只有企业不断发展创新，对新技术的需求才会不断增加，才会加快新技术的应用。化工企业的发展越迅速，技术产业化协同扩散的速度就越快。

第四，政府对化工新材料产业的政策扶持需要保持连贯性和持续性。政府通过相关政策扶持和财政补贴，对科技中介机构、科研机构和化工企业产生影响，从而影响技术产业化协同扩散绩效。

第五，金融资金是化工新材料技术产业化协同扩散的基础和主要推动力。金融机构通过不断提升对化工新材料产业的金融服务能力，保证了行业中的企业有充足的资金和风险保障以支持其进行新技术的采用、研发等活动。行业中有越多的企业采用新技术或研发新技术，化工新材料技术产业化协同扩散的速度就会越快。因此，金融机构通过对化工企业的金融服务，间接地促进了化工新材料技术产业化协同扩散。

第六，科技中介机构在化工新材料技术产业化协同扩散的过程中发挥着重要作用。随着化工新材料产业逐渐发展，新技术复杂性的提高使科技中介机构的信息传播和服务能力加速了新技术的扩散，提高了产业整体技术水平。

8.2　不足与展望

本书对国内外化工新材料产业的发展现状和发展趋势进行了梳理提炼，构建了化工新材料技术产业化潜力评价体系并对技术产业化协同扩散路径进行了研究。但由于研究时间和条件的限制，本书存在以下几点局限：

（1）指标体系的构建不完善。尽管本书已尽量梳理国内外学者研究的技术评价指标，但目前研究主要集中在化工新材料技术的研发过程，缺乏对技术产业化扩散的研究。同时受研究精力和条件的限制，尽管本书提出的技术产业化潜力评价指标体系具有普遍性，但是对具体化工新材料技术的评价可能缺乏针对性。

（2）实证数据的可靠性。本书对大豆蛋白基胶黏剂技术进行产业化潜力评价，对 10 位在技术研发、技术评价和经济管理领域的专家进行问卷调研，以期获得该技术在应用领域产业化潜力评价的一手数据。但专家打分法存在一定的主观性，可能会影响数据模型的可靠性。

随着化工新材料技术的不断研发和创新，对化工新材料技术产业化潜力评价的重要性日益提高，该领域在今后需要进行更深入的探讨：

（1）在化工新材料技术产业化过程中，产业环境和主体组织多个情境因素的共同作用产生了对技术产业化潜力的影响。化工新材料技术产业化过程中，不同主体承担了不同的责任、扮演着不同的角色，各自发挥着重要的作用，对化工新材料技术的需求、供给、产业化条件、外部环境、预期效益进行分析，不同主体对技术产业化潜力各自产生何种影响、如何提高技术产业化的潜力是未来需要关注的一个研究方向。

（2）科技中介机构作为化工新材料技术产业化协同扩散过程的关键推动力，今后可以更深入地对科技中介机构的微观运作进行研究，从科技中介机构的内部组织框架、品牌战略、集群战略和国际化战略等方面进行分析。

参考文献

［1］John H. Vanston. Better Forecasts, Better Plans, Better Results ［J］. Research-Technology Management, 2003, 46（1）: 47-58.

［2］Floortje Alkemade, Carolina Castaldi. Strategies for the Diffusion of Innovations on Social Networks ［J］. Computational Economics, 2005, 25（1）: 3-23.

［3］Alan, L. Porter, Brad Ashton, Guenter Clar, J. F. Coates. Technology Future Analysis: Toward Integration of the Field and New Methods ［J］. Technological Forecasting and Social Change, 2004, 71（3）: 287-303.

［4］Karel Haegeman, Elisabetla Marinelli, Fabiana Scapolo, Anolrea Ricci, Alexander Sokolov. Quantitative and Qualitative Approaches in Future-oriented, Technology Analysis（FTA）: From Combination to Integration? ［J］. Technological Forecasting and Social Change, 2013, 80（3）: 386-397.

［5］黄鲁成，王吉武，卢文光. 基于 ANP 的新技术产业化潜力评价研究 ［J］. 科学学与科学技术管理，2007（4）.

［6］罗芳，王琦. 产业集群的涌现性与产业集群共性技术创新体系研究 ［J］. 现代情报，2006（11）: 178-180.

［7］马慧民，张爽，叶春明．基于多元统计分析的地区高新技术产业发展潜力研究［J］．工业技术经济，2006（4）：53-56.

［8］杜国贞，肖广岭．构建传统产业集群共性技术供给体系———一项对比研究［J］．科学学与科学技术管理，2006（9）：71-76.

［9］卢文光，黄鲁成．新兴技术产业化潜力评价与选择的研究［J］．科学学研究，2008（6）：1201-1209.

［10］高翔，王宏起，武建龙．基于专利信息的我国干细胞产业技术竞争态势研究［J］．科技管理研究，2015，35（7）：136-140.

［11］刘平，童亚莉，等．中国大气污染防治技术评价应用体系与方法探析［J］．环境污染与防治，2020，42（8）：1049-1053.

［12］田红，沈维萍，闫中晓．高质量发展视域下区域文化资源产业化开发潜力评价———以黄河三角洲区域为例［J］．重庆社会科学，2020（7）：131-144.

［13］P. Glenn. Laugther in Interaction［M］．Cambridge University Press，2003.

［14］Jennifer Reinganum. On the Diffusion of New Technology：A Game Theoretic Approach［J］．Review of Economic Studies，1981，48（3）：395-405.

［15］董伇，张诚．质量信号的选择与潜在替代压力———对专业服务跨国公司进入中国市场初期策略的分析［J］．财经研究，2006（2）：18-29.

［16］赵维双．技术创新扩散的环境与机制研究［D］．长春：吉林大学，2005.

［17］王永齐．融资效率、劳动力流动与技术扩散：一个分析框架及基于中国的经验检验［J］．世界经济，2007（1）：69-80.

［18］吕新军，胡晓绵，张熹．中美高技术产业间技术扩散模式比较分析———基于投入产出与社会网络方法的分析［J］．科技进步与对策，2010

（7）：51-56.

[19] 魏杉汀，张卓．网络环境下技术引入和技术开发的协同效应——基于技术扩散函数的仿真研究［J］．科技管理研究，2017（10）：134-140.

[20] 张路蓬，薛澜，等．战略性新兴产业创新网络的演化机理分析——基于中国2000-2015年新能源汽车产业的实证［J］．科学学研究，2018（6）：1027-1035.

[21] 李苗，刘启雷．政府补贴和技术扩散对资源配置效率的影响——基于产学研协同创新视角［J］．技术经济，2019（2）：9-15+39.

[22] E. Mansfild. Technical Change and the Rate of Imitation［J］. Econometrics, 1961, 29（4）：741-766.

[23] Frank M. Bass. A New Product Growth Model for Consunmer Durable［J］. Management Science, 1969, 15（5）：215-227.

[24] V. Fanelli, L. Maddalena. A Time Delay Model for the Diffusion of a New Technology［J］. Nonlinear Analysis：Real World Applications, 2012（13）：643-649.

[25] Mar R. Reinganum. Misspecification of Capital Asset Pricing：Empirical Anomalies Based on Earnings' Yields and Market Values［J］. Journal of Financial Economic, 1981, 9（1）：19-46.

[26] Lev Kuandykov, Maxim Sokolov. Impact of Social Neighborhood on Diffusion of Innovation S-curve［J］. Decision Support Systems, 2010, 48（4）：531-535.

[27] 陈晓伟．Bass模型的扩展研究［D］．广州：暨南大学，2008.

[28] 陈国宏，王丽丽，蔡猷花．基于Bass修正模型的产业集群技术创新扩散研究［J］．中国管理科学，2010（5）：179-183.

[29] 李晓娣，陈家婷．FDI对区域创新系统演化的驱动路径研究——基于结构方程模型的分析［J］．科学学与科学技术管理，2014（8）：39-48.

[30] 周飞雪. 低碳经济下中国制造业技术创新扩散机理及活跃度研究 [D]. 南京：东南大学，2015.

[31] 林青宁，毛世平. 自主创新与企业科技成果转化：补助亦或政策 [J]. 科学学研究，2023，41（1）：70-79.

[32] 李卫国，白岫丹. "政产学研用创" 六位一体协同创新模式研究 [J]. 中国高校科技，2020（S1）：38-41.

[33] 侯光明，景睿，王俊鹏. 系统视角下协同创新模式的实施策略研究——以新能源汽车企业为例 [J]. 经济体制改革，2021（1）：115-121.

[34] 斋藤优，郝跃英. 技术的生命周期 [J]. 外国经济与管理，1983，5（4）：29.

[35] J. A. Schumpeter. The Instabilty of Capitalism [J]. The Economic Journal, 1928, 38（151）：361-386.

[36] 王展昭，马永红，张帆. 基于系统动力学方法的技术创新扩散模型构建及仿真研究 [J]. 科技进步与对策，2015（19）：13-19.

[37] 许慧敏，王琳琳. 技术创新扩散系统的动力机制研究 [J]. 科学学研究，2006（S1）：291-294.

[38] 马永红，王展昭，等. 网络结构、采纳者偏好与创新扩散：基于采纳者决策过程的创新扩散系统动力学模型仿真分析 [J]. 运筹与管理，2016（3）：106-116.

[39] 李金城，王林辉，国胜铁. 高质量 FDI 的技术进步偏向：经验证据与政策建议 [J]. 哈尔滨商业大学学报（社会科学版），2021（2）：82-90.

[40] 陈瑞峰. 新材料进展 [J]. 化学工业，2013（1）：39-40+52.

[41] 王吉武，黄鲁成，卢文光. 基于文献计量的新兴技术商业化客观潜力评价研究 [J]. 现代管理科学，2008（5）：69-70.

［42］黄鲁成，吴菲菲，李欣．未来导向技术分析现状与思考［J］．中国软科学，2010（12）：50-58+69.

［43］Pantros IP. Patent Factor Index Report［EB/OL］.［2013-10-10］. http：//ip. com/ip-analytics/patent-factor-index-report/.

［44］James Fleck，Barry White. National Policies and Patterns of Robot Diffusion：United Kingdom，Japan，Sweden and the United States［J］. Robotics，1987，3（1）：7-22.

［45］Helmut K. Anheier，Lester M. Salamon. The Nonprofit Sector in the Developing World：A Comparative Analysis［M］. Munchester University，Press（Johns Hopkins Nonprofit Secter Series），1998.

［46］S. Shane. Executive Forum：University Technology Transfer to Entrepreneurial Companies［J］. Journal of Business Venturing，2002，17（6）：537-552.

［47］方卫华．创新研究的三螺旋模型：概念、结构和公共政策含义［J］．自然辩证法研究，2003（11）：69-72+78.

［48］何倩倩，郑磊，王晓萃．中国化工新材料行业现状及未来发展趋势［J］．山东化工，2019（24）：119+122.

［49］曹湘洪．发展我国化工新材料产业的若干思考［J］．当代石油石化，2013（6）：1-5.

［50］王席鑫，孙琦祥．聚焦化工周期龙头，关注新材料机遇［J］．中国石油和化工，2020（1）：32-39.

［51］中国石油和化学工业联合会化工新材料运行调研课题组．我国化工新材料行业运行现状、问题及建议［J］．中国石油和化工经济分析，2015（11）：49-52.

［52］罗仲伟．中国化工新材料产业发展现状、问题与对策——中国化

工集团化工新材料企业调研报告［C］//中国社会科学院党校第33期进修班中国社会科学院党校办公室赴广西壮族自治区边境地区国情调研文集（第6集）.北京：中国社会科学院城市发展与环境研究中心，2009：250-271.

［53］赵俊贵.共同推进化工新材料行业健康、快速发展［J］.化工新型材料，2015，43（1）.

［54］张守锋.化工新材料产业发展瓶颈及对策研究［J］.化纤与纺织技术，2021，50（5）：7-8.

［55］曹梦然.化工新材料标准体系现状及发展概述［J］.中国标准化，2020（S1）：55-58.

［56］卜新平.化工新材料产业发展建议［J］.中国石油和化工经济分析，2018（11）：36-38.

［57］王光大，匡德舜，李青松，乔木.辽宁省新材料产业创新发展策略研究［J］.信息记录材料，2021，22（10）：80-81.

［58］Robert A. Burgelman，Clayton M. Christensen，Steven C. Wheelwright. Strategies' Management of Technology and Innovational［M］. London：McGraw-Hill，2012.

［59］胡续楠.我国新材料企业合作发展研究［J］.合作经济与科技，2022（10）：120-123.

［60］化工新材料明确"十四五"发展重点［J］.热固性树脂，2021，36（1）：26.

［61］黄鲁成，李欣，吴菲菲.技术未来分析理论方法与应用［M］.北京：科学出版社，2010.

［62］李艳梅，李中原，尤贺.基于AHP模型的北京市服务业循环经济发展水平评价（英文版）［J］.Journal of Resources and Ecology，2016，7（6）：480-485.

［63］梅亮，臧树伟，张娜娜．新兴技术治理：责任式创新视角的系统性评述［J］．科学学研究，2021，39（12）：2113-2120+2128.

［64］乔治·戴，保罗·休梅克．沃顿论新兴技术管理［M］．北京：华夏出版社，2002.

［65］Ke Zhou，Tianyu Ren. Low-carbon Technology Collaborative Innovation in Industrial Cluster with Social Exclusion［J］. Chaos，2021（31）：3124-3128.

［66］Fuqiang Wang，Huimin Li. Knowledge Sharing Strategy and Emission Reduction Benefits of Low Carbon Technology Collaborative Innovation in the Green Supply Chain［J］. Frontiers in Environmental Science，2022（1）：21-28.

［67］卢锡超．产业技术扩散的知识重构研究［D］．沈阳：东北大学，2009.

［68］张吉军．模糊层次分析法（FAHP）［J］．模糊系统与数学，2000，14（2）：80-88.

［69］张亚青，王相，等．基于熵权和层次分析法的VOCs处理技术综合评价［J］．中国环境科学，2021，41（6）：2946-2955.

［70］王鸣涛，叶春明．基于AHP和FCE的省域工业企业科技创新能力评价研究［J］．数学的实践与认识，2019，49（22）：92-105.

［71］郭金玉，张忠杉，张庆云．层次分析法的研究与应用［J］．中国安全科学学报，2008（5）：148-153.

［72］吴志刚，雷洪，杜官本．大豆蛋白基胶黏剂研究与应用现状［J］．粮食与油脂，2015，28（11）：1-5.

［73］李萌萌，王海杰，等．化学改性制备豆粕基木材胶黏剂［J］．中国油脂，2021，46（7）：57-63+74.

［74］王璇，吴志刚，雷洪，等．大豆蛋白基胶黏剂主要性能与表征方法动态研究［J］．西南林业大学学报，2017，37（1）：181-187.

［75］陈奶荣，林巧佳，卞丽萍．改性豆胶胶合板热压工艺优化及固化机理分析［J］．农业工程学报，2012，28（11）：248-253．

［76］唐蔚波，周华，周翠，等．接枝改性大豆蛋白胶粘剂的合成及性能研究［J］．大豆科学，2008，27（6）：1032-1036．

［77］闫高阳．大豆基木材环保胶黏剂的结构与性能分析［D］．太原：山西大学，2021．

［78］冯秀珍，张杰，张晓凌．技术评估方法与实践［M］．北京：知识产权出版社，2011．

［79］郑鹰，韩朔．科技成果转化为技术标准的评价模型构建及实证分析［J］．科技管理研究，2018，38（23）：44-49．

［80］肖灵机，汪明月，万玲，陈彦景．新兴产业技术扩散路径优化研究［J］．中国科技论坛，2016（4）：37-42．

［81］何丽敏，刘海波，肖冰．基于技术成熟度的科技成果转化模式策略研究——以中科院宁波材料所为例［J］．科学学研究，2021，39（12）：2170-2178．

［82］Siraj K. Zahran，Mohamad Y. Jaber. Investigation of a Consignment Stock and a Traditional Inventory Policy in a Three-level Supply Chain System with Multiple-suppliers and Multiple-buyers［J］. Applied Mathematical Modelling，2017，44：390-408．

［83］B. Das. Diffusion of Innovations：Theoretical Perspectives and Empirical Evidence［J］. African Journal of Science Technology，Innovation & Development，2022（14）：94-103．

［84］张乐，陈宸，陈璋．技术进步影响技术扩散的双重机制研究——基于生产网络的视角［J］．上海经济研究，2021（10）：88-101．

［85］张秀武，林春鸿．产业集群内技术创新扩散的空间展开分析及启

示 [J]. 宏观经济研究，2014（11）：114-117.

[86] Shanting Wei，Zhuo Zhang，Ginger Y. Ke，et al. The More Cooperation，the Better? Optimizing Enterprise Cooperative Strategy in Collaborative Innovation Networks [J]. Physica A：Statistical Mechanics and its Applications，2019，534（15）.

[87] 龙思颖，廖中举，余海蓉. 企业生态创新扩散研究综述与展望 [J]. 科技管理研究，2021，41（8）：201-208.

[88] 王世波，赵金楼. 复杂网络视角下技术创新扩散种子选择研究 [J]. 科技进步与对策，2018，35（13）：28-33.

[89] 刘鹤. 技术扩散与产业结构优化关系的理论分析 [J]. 商业时代，2013（14）：117-118.

[90] 解学梅，刘丝雨. 协同创新模式对协同效应与创新绩效的影响机理 [J]. 管理科学，2015，27（2）：16-24.

[91] 张强，卢荻. 技术外溢、规模效应和内生经济增长 [J]. 南开经济研究，2011（2）：85-98.

[92] 王树斌，杨德林，等. 外部技术扩散模式下的高新技术企业成长研究 [J]. 科学学研究，2021，39（9）：1662-1670.

[93] 李巧华，雷家骕，孟猛猛. 企业科技向善：概念、逻辑起点与实践路径 [J]. 科学学研究，2023（4）.

[94] 郑月龙，秦国静，等. 考虑不同供给方式的产业共性技术市场化开发博弈分析 [J]. 科技管理研究，2022，42（3）：108-118.

[95] 宗倩倩. 高校科技成果转化现实障碍及其破解机制 [J]. 科技进步与对策，2023（4）.

[96] 马丽仪，陶秋燕，贺俊，等. 我国技术扩散服务体系构建研究 [J]. 科技促进发展，2019，15（5）：447-455.

［97］成海燕，徐治立，张辉．科技金融政策促进科技企业发展的资源配置效率研究——来自北京市的实证调查［J］．科技进步与对策，2020，37（4）：119-128.

［98］秦洁，王亚．科技中介机构在科技成果转化中的定位［J］．中国高校科技，2015（4）：13-16.

［99］Hailong Yang，Pascal Boulet，Marie-Christine Record. New Insight into the Structure-property Relationships from Chemical Bonding Analysis：Application to Thermoelectric Materials［J］. Journal of Solid State Chemistry，2020，286.

［100］危怀安，文圆，李旭彦．科技成果转化机构利益共享与风险共担集成激励机制——基于湖北省多案例探索性研究［J］．中国科技论坛，2022（1）：14-21.

［101］吴寿仁．中国科技成果转化40年［J］．中国科技论坛，2018（10）：1-15.

［102］曾琼，邢乐斌，朱迎春．重庆市科研机构创新能力评价分析［J］．中国科技资源导刊，2019，51（4）：29-35.

［103］张卫国，柴瑜，曹万立．公益类科研院所科技创新能力评价实证研究［J］．重庆大学学报（社会科学版），2012（1）：77-82.

［104］曹鑫，阮娴静．基于因子分析法的我国医药企业创新发展能力评价研究［J］．中国药房，2020，31（16）：1931-1937.

［105］杨全帅，李栋．基于主成分分析的南京市企业创新能力评价研究［J］．中外企业文化，2020（9）：37-40.

［106］陈蕾，林立．我国科技中介服务机构的创新载体能力评价——创新系统的视角［J］．税务与经济，2015（3）：31-37.

［107］贺文佳，吕微．山西省科技中介服务效率评价研究——以生产力促进中心为例［J］．生产力研究，2018（8）：104-109.

［108］孙亚静，尚凯．基于熵权法的我国省级政府公共服务能力评价［J］．统计与管理，2017（7）：37-38.

［109］董雯．地方政府公共服务供给能力的评价与提升策略研究［D］．杭州：浙江工商大学，2015.

［110］黄伟光．我国商业银行绩效评价指标体系研究［D］．济南：山东财经大学，2013.

［111］刘景江，郑刚，许庆瑞．国外 R&D 项目测度与评价研究述评［J］．科研管理，2001（6）：9-13.

［112］霍映宝．LISREL 与 PLS 路径建模原理分析与比较［J］．统计与决策，2006（20）：19-21.

［113］石亚飞，石善恒，黄晓敏．基于 R 的结构方程模型在生态学中的应用［J］．生态学杂志，2022，41（5）：1015-1023.

［114］张小红，郭威，等．科技创新人才培养的关键路径——来自结构方程模型的经验证据［J］．中国科技论坛，2021（12）：159-168.

［115］韩驰，熊伟，刘文文，于小岚，简平．基于结构方程模型的天基信息系统效能评估［J］．系统仿真学报，2022，34（8）：1799-1810.

［116］徐国军，刘澄．多维距离视角的技术创新扩散特征分析［J］．科技管理研究，2019，39（23）：1-7.

［117］Yoonjung Jung，Euiseok Kim，Wonjoon Kim. The Scientific and Technological Interdisciplinary Research of Government Research Institutes：Network Analysis of the Innovation Cluster in South Korea［J］. Policy Studies，2021，42（2）.

［118］曹兴，柴张琦．技术扩散的过程与模型：一个文献综述［J］．中南大学学报（社会科学版），2013（4）：15-22.

［119］王俊霞．中美技术创新扩散因素比较及效应测度研究［D］．保

定：河北大学，2020.

［120］Y. J. Chen，J. B. Sheu. Environmental－regulation Pricing Strategies Pricing Strategies for Greens Supply Chain Management ［J］. Transportation Research Part E：Logistics and Transportation Review，2009，45（5）：667-677.

［121］张继林. 价值网络下企业开放式技术创新过程模式及运营条件研究 ［D］. 天津：天津财经大学，2009.

［122］付晓蓉，赵东阳，李永强，等. 消费者知识对我国信用卡创新扩散的影响研究 ［J］. 中国软科学，2011（2）：120-131.

［123］王丽，刘细文. 基于专利数据的技术主题扩散量化研究与实现 ［J］. 数据分析与知识发现，2022，6（6）：1-10.

［124］洪进，汪良兵，赵定涛. 自组织视角下中国技术转移系统协同演化路径研究 ［J］. 科学学与科学技术管理，2013（10）：77-84.

［125］周德群，丁浩，周鹏，王群伟. 基于过程划分的可再生能源技术扩散模型 ［J］. 中国管理科学，2022，30（2）：217-225.

［126］Melissie C. Rumizen. Report on the Second Comparative Study of Knowledge Creation Conference ［J］. Journal of Knowledge Management，1998，2（1）：77-82.

［127］黄菁菁. 基于协同创新模式的技术扩散路径研究 ［D］. 大连：大连理工大学，2018.

［128］迈克尔·E. 麦格拉思. 高技术企业产品战略 ［M］. 刘求生，译. 北京：清华大学出版社，2002.

［129］Peter S. van Eck，Wander Jager，Peter S. H. Leeflang. Opinion Leaders' Role in Innovation Diffusion：A Simulation Study ［J］. Journal of Product Innovation Management，2011，28（2）：187-203.

［130］PaulL Joskow，Linda Mclaughlin. Mccaran－Ferguson Act Reform：

More Competition or More Regulation? ［J］. Journal of Risk and Uncertainty, 1991, 4 (4): 373-401.

［131］李恒毅, 岳意定. 技术扩散视角下的创新网络演化研究 ［J］. 东南学术, 2014 (1): 162-167.

［132］罗晓梅, 王亢抗, 乔铮. 基于有效距离的新兴技术跨领域扩散模型 ［J］. 技术经济, 2019, 38 (4): 10-14.

［133］栾春娟. 美国高校科技成果转化路径的实证分析与启示 ［J］. 中国科学院院刊, 2018, 33 (3): 265-273.

［134］操龙灿, 杨善林. 产业共性技术创新体系建设的研究 ［J］. 中国软科学, 2005 (11): 77-82.

［135］李柏洲, 董恒敏. 协同创新视角下科研院所科技资源配置能力研究 ［J］. 中国软科学, 2018 (10): 53-62.

［136］钟章奇, 何凌云. 演化经济视角下技术创新扩散驱动的区域产业结构演化: 一个新的理论分析框架 ［J］. 经济问题探索, 2020 (4): 161-172.

［137］Allan Gray, et al. Agricultural Innovation and New Ventures Assessing the Commercial Potential ［J］. Amer. J. Agr. Econ, 86, 2004 (5): 1322-1329.

［138］Yeou-Geng Hsu, Gwo-Hshing Tzeng, Joseph Z. Shyu. Fuzzy Multiple Criteria Selection of Government - sponsored Frontier Technology R&D Projects ［J］. R&D Management, 2003, 33 (5): 539-572.

［139］李冬冬, 李春发. 产业共性技术创新扩散机理建模与仿真分析 ［J］. 技术经济与管理研究, 2021 (3): 3-9.

［140］李培哲. 产学研视角下高技术产业成长系统动力学研究 ［J］. 复杂系统与复杂性科学, 2020, 17 (2): 76-85.

［141］段玮, 齐舆, 等. 系统动力学与经济管理理论及方法结合研究综

述［J］. 统计与决策，2022，38（2）：41-46.

［142］袁青燕. 共享经济下产业价值网络创新的系统动力学分析［J］. 现代管理科学，2021（1）：68-82.

［143］程慧锦，丁浩. 供应链企业社会责任治理决策研究——基于SD-演化博弈分析法［J］. 运筹与管理，2022，31（5）：14-22.

［144］章熙春，江海，袁传思. 产权激励对促进高校科技成果转化的影响研究［J］. 科技管理研究，2020，40（17）：106-111.

［145］贾雷坡，张志旻，唐隆华. 中国高校和科研机构科技成果转化的问题与对策研究［J］. 中国科学基金，2022，36（2）：309-315.

［146］俞荣建，吕建伟，张树满. 国立科研院所促进科技成果转化的路径研究［J］. 科学学研究，2023，41（4）：669-678.

［147］张嘉毅，原长弘. 产学研融合的组织模式特征——基于不同主体主导的典型案例研究［J］. 中国科技论坛，2022（5）：71-80+98.

［148］梁才. 完善企业科研机构科技人才激励机制的建议［J］. 科技中国，2022（2）：80-83.

［149］张鹏. 科技中介在高校技术转移中的作用［J］. 合作经济与科技，2020（14）：96-97.

［150］易宪容. 构建适应经济增长新模式的现代金融服务体系［J］. 人民论坛·学术前沿，2020（22）：63-75.

附　录

附录1　技术产业化潜力评价调查问卷

尊敬的先生/女士：

您好，感谢您在百忙之中拨冗协助我方完成本次问卷调研，我方在此郑重承诺．本次问卷调研结果对外保密，不存在对错，数据仅供科研使用，不会对您个人的工作生活产生任何不利影响。

问卷说明：

问卷的目的在于评估影响大豆蛋白基胶黏剂技术产业化潜力的各因素指标的得分。请您在以下表格中根据您个人真实观点选填入1~9中任意整数，1~9表示该因素对评估对象的重要程度逐渐增大。若各专家有修改或补充意见，请在表格最后给予补充。

再次感谢您宝贵的时间和意见！

大豆蛋白基胶黏剂技术产业化潜力评估表

一级指标	得分	二级指标	指标说明	得分
技术供给T1		技术先进性T11	考察大豆蛋白基胶黏剂技术的新颖性及该项新材料在国内外相关领域所处的领先地位	
		技术复杂度T12	考察大豆蛋白基胶黏剂技术所涉及的专业知识的多少和深度	
		技术通用性T13	考察大豆蛋白基胶黏剂技术与现有的技术基础、技术体系、生产设备的兼容性	
		技术成熟度T14	指大豆蛋白基胶黏剂技术处于产品生命周期的成熟程度	
		应用的领域范围T15	基于大豆蛋白基胶黏剂技术的特性考察其可选择应用场景的多少	
技术需求（市场需求及竞争）T2		产业需求度T21	考察大豆蛋白基胶黏剂技术能否解决需求方的某项或多项明确的痛点	
		消费观念及购买力T22	考察大豆蛋白基胶黏剂技术相关领域用户群体的消费意识和购买力	
		竞争品数量与强度T23	从竞争者的角度考察大豆蛋白基胶黏剂技术进行后续研发和应用所面临的市场风险	
		未来预期市场容量增长速度T24	考察对大豆蛋白基胶黏剂技术未来市场的预期容量	
		国内产品进出口状况T25	考察大豆蛋白基胶黏剂技术进口数量和金额，以及进出口比率	
产业化条件T3		产业化基础设施T31	考察大豆蛋白基胶黏剂技术应用于该领域的基础配套设施是否完善	
		产业化人力资源T32	考察大豆蛋白基胶黏剂技术在该领域进行成果转化的管理人员和技术人员的素质是否符合该材料成果产业化在人力方面的要求	
		产业化资金条件T33	考察有无条件为大豆蛋白基胶黏剂技术在相关领域产业化提供资金支持，是否具有国家专项拨款或需要采用其他融资手段	
		产业化技术保障T34	考察大豆蛋白基胶黏剂技术在应用领域应用推广时是否与行业或企业现有的技术水平、技术模式和现有的主导技术的协调	

续表

一级指标	得分	二级指标	指标说明	得分
预期效益 T4		预期产品利润率 T41	这两项指标从利润率和产业化规模，考察测量大豆蛋白基胶黏剂技术成果转化应用后形成的生产力，为新材料的供给方、扩散方和应用方带来的直接经济效益	
		预期产业化规模 T42		
		创造就业机会大小 T43	这两项指标是社会效益指标，考察大豆蛋白基胶黏剂技术成果产业化给社会带来的溢出效应（如就业），以及对产业或企业结构调整的推动作用，提高基础研究实践性	
		对基础研究的反哺性 T44		
外部环境 T5		符合科技创新政策 T51	考察大豆蛋白基胶黏剂技术应用于相关领域是否符合国家和行业的政策法规的各项要求，是否符合该领域的行业科技创新政策、发展方向的部署重点等	
		符合行业技术标准 T52	考察大豆蛋白基胶黏剂技术应用于相关领域是否达到行业技术标准和化工产业管理规范	
		符合行业环境、能耗监管标准 T53	考察新材料技术在转化和应用于相关领域是否符合化工行业的环境和能耗监管标准	
		符合生态和环境保护 T54	考察该新材料广泛推广及应用于相关领域时是否对生态系统和环境友好	
专家补充意见				

附录2 技术协同扩散影响因素原始数据

年份	科技中介机构数量（个）	R&D 投入（亿元）	科学研究与技术服务业就业人数（万人）	社会投资（亿元）	政府财政补贴（亿元）
2009	3101.00	687.90	243.40	560.00	1783.04
2010	3049.00	811.30	257.00	782.00	2129.21

年份	科技中介机构 数量（个）	R&D 投入 （亿元）	科学研究与技术服务 业就业人数（万人）	社会投资 （亿元）	政府财政 补贴（亿元）
2011	3016.00	996.00	272.60	1200.80	2744.52
2012	3010.00	1186.40	292.30	1379.30	3250.18
2013	2987.00	1306.70	298.50	1679.80	3238.02
2014	2964.00	1548.90	330.70	2475.80	4452.63
2015	2940.00	1781.40	387.80	3133.20	5084.30
2016	2957.00	1926.20	408.00	4219.10	5314.45
2017	2935.00	2136.50	410.60	4752.00	5862.57
2018	2877.00	2260.20	419.60	5567.80	6563.96
2019	2819.00	2435.70	420.40	5932.50	7266.98
2020	2589.00	2691.70	411.50	6739.32	8326.65